# INTERPRETATIONSHILFE
# DEUTSCH

Bertolt Brecht

# Mutter Courage
# und ihre Kinder

Interpretiert von Werner Winkler



STARK

**Bildnachweis**
Umschlagbild: bpk/Willi Saeger
S. 3: bpk/Gerda Goedhart
S. 12: bpk/Hermann Buresch
S. 22: Roger Viollet/Getty Images
S. 28: Andreas Fischer, Wuppertal
S. 31: ullstein bild
S. 37: ullstein bild – Moenkebild
S. 42, 88: Thomas Dashuber
S. 60: bpk/Willi Saeger
S. 63: ullstein bild – Röhnert
S. 74: ullstein bild – Lieberenz

ISBN 978-3-89449-969-3

# Inhalt



**Autor:** Dr. Werner Winkler

# Vorwort

**Liebe Schülerin, lieber Schüler,**

soll ein Bühnenstück die Zuschauer mitreißen, sie in ihrem Innersten ergreifen und zu Tränen rühren oder sie im Gegenteil auf Distanz halten und ihnen mit allen Mitteln bewusst machen, dass es sich um ein Spiel handelt?

Seit den alten Griechen beschäftigt die Frage nach der Wirkung des Theaters die literarische Welt. In der ersten Hälfte des 20. Jahrhunderts hat Bertolt Brecht die Diskussion neu entfacht und in seinen theoretischen Schriften wie in seinen Werken eine klare Position bezogen. Diese lässt sich besonders gut in seinem Drama *Mutter Courage und ihre Kinder* erkennen.

Die vorliegende *Interpretationshilfe* möchte Ihnen den Zugang zu diesem Stück erleichtern, indem sie Ihnen Hinweise und Anregungen zur Analyse und Deutung anbietet und zugleich das Werk als eine Theaterform ausweist, die radikal mit den überkommenen Vorstellungen bricht.

Zunächst werden Sie mit der **Biografie des Autors** vertraut gemacht, schon deshalb, weil jedes Werk immer auch Lebenserfahrungen seines Schöpfers spiegelt. Anschließend erhalten Sie Informationen über wichtige **Anregungen und Phasen des Entstehungsprozesses**. Es folgt ein szenenstrukturierter **Inhaltsüberblick**.

Den Hauptteil bildet das umfangreiche Kapitel **Analyse und Interpretation**. Es beginnt mit einer Beschreibung des **Aufbaus** und einer Untersuchung von **Raum und Zeit** des Geschehens, der sich die Charakteristik der **Hauptfiguren** anschließt. Der nächste Abschnitt beschäftigt sich mit der Form. Dabei erhalten Sie nicht nur einen Einblick in die **Entwicklung des Dramas**, sondern auch einen detaillierten Nachweis von **Brechts poetologischen (dichtungstheoretischen) Vorstellungen**, konkretisiert an *Mutter Courage und ihre Kinder*. Wegen der großen

Bedeutung, die der Autor den im Werk eingestreuten **Liedern** beimisst, ist diesen ein eigener Passus gewidmet. Brecht sieht in der **Sprache** ein wesentliches Realitätsindiz. Für das Verständnis des Werks ist deshalb ihre genaue Untersuchung ebenfalls grundlegend. Der folgende Abschnitt setzt sich ausführlich mit dem **Krieg als zentrales Motiv** des Stücks auseinander. Der Hauptteil wird mit der Interpretation von zwei **Schlüsselstellen** abgeschlossen.

Das letzte Kapitel informiert Sie, die *Interpretationshilfe* abrundend, über wichtige Stationen der **Rezeption** des Stücks.

Am Ende finden Sie erläuternde **Anmerkungen** und Angaben zur benutzten **Literatur**.

Dr. Werner Winkler

# Einführung

Das 1941 in Zürich uraufgeführte Werk *Mutter Courage und ihre Kinder* gehört zu den meistinszenierten, meistgespielten und **erfolgreichsten Stücken Brechts**. Als es der Autor im Herbst 1939 niederschrieb, stand er im 42. Lebensjahr und war bereits sechs Jahre im skandinavischen Exil. Der Zweite Weltkrieg hatte erst vor wenigen Tagen begonnen.

In Deutschland waren 1933 die Nationalsozialisten an die Macht gekommen. Mit Zensur und Kritikverbot vernichteten sie in kurzer Zeit das blühende Kulturleben der Weimarer Zeit. Etwa 1 500 namhafte Autoren verließen Deutschland. Viele von ihnen konnten sich in der Fremde nur schwer behaupten. Mit ihren Werken versuchten sie eine Antwort auf die Diktatur in der Heimat zu finden. Auch Brechts Stück ist eine **Auseinandersetzung mit dem deutschen Faschismus**. Es sollte die skandinavischen Staaten vor der Gefährlichkeit Nazideutschlands warnen. Diese fühlten sich in ihrer Neutralität sicher und waren auf gute Geschäfte aus. Doch wer vom Krieg leben will, der wird ihm auch etwas geben müssen, heißt es im ersten Akt.

Brecht wählte als geschichtlichen Hintergrund die Zeit des Dreißigjährigen Krieges. An diesem historischen Geschehen versuchte er den **Zusammenhang von Krieg und Geschäft** zu verdeutlichen. Er benutzte dazu die Perspektive einer Marketenderin (Händlerin, die militärische Truppen begleitet) und ihrer kleinen Welt. Selbstbewusst, wortgewandt, schlagfertig, aber auch opportunistisch lebt Mutter Courage in einer chaotischen Kriegssituation und will wie die „Großkopfigen" ihren Profit machen. Doch diese Gier wird ihr schließlich zum Verhängnis. Durch ihren nicht auflösbaren Gegensatz zwischen Mutter und

Händlerin wird sie schließlich mitschuldig am Tod ihrer Kinder. Im Verlauf der Jahre kommt sie immer weiter herunter, bleibt aber letztlich uneinsichtig.

An dieser Figur, hineingestellt in ein reales geschichtliches Umfeld, soll der Zuschauer erkennen, dass **Geschehen und Handlung** nicht von einer höheren Macht bestimmt, sondern **gesellschaftlich bedingt** sind und damit vom Menschen auch **verändert** werden können und müssen. Brechts sozialistisch-marxistische Sichtweise kommt hier deutlich zum Ausdruck.

Die **Mittel**, die er zur Erreichung seines Zieles einsetzt, sind die des **epischen Theaters**. Mit ihnen will er eine Identifikation des Zuschauers mit dem Bühnengeschehen verhindern, denn jegliche Anteilnahme würde dessen Einsichts- und Urteilsfähigkeit beeinträchtigen und so seine Bereitschaft zu gesellschaftlichen Veränderungen lähmen. Er würde sich nur im Kreise bewegen, wie es Mutter Courage mit ihrem Wagen tut. So muss er einen klaren Kopf behalten, um die Welt positiv verändern zu können.

Brechts **Kapitalismuskritik** schien am Ende des Kalten Krieges ihre Brisanz zu verlieren. Der verschärfte wirtschaftliche Konkurrenzkampf, ausgelöst durch den Prozess der Globalisierung, und eine zunehmend erkennbare Spaltung der Welt in Arme und Reiche verleiht jedoch der Warnung Brechts eine **neue Aktualität**.

# Biografische Skizze

Bertolt Brecht (1898–1956) in Berlin-Weißensee

Bertolt (eigentlich: Eugen Berthold Friedrich[1]) Brecht wurde am **10. Februar 1898** in **Augsburg** geboren. Er stammte aus bürgerlichem Elternhaus. Der Vater, Berthold Friedrich Brecht, hatte sich vom kaufmännischen Angestellten zum Prokuristen, dann zum leitenden Direktor einer Augsburger Papierfabrik emporgearbeitet. Der junge Brecht besuchte nach der Volksschule das Königliche Realgymnasium, an dem er 1917 das Notabitur ablegte.[2]

Wegen eines angeborenen Herzfehlers musste sich der oft kränkelnde, ruhige Schüler bei sportlicher Betätigung zurückhalten. Dagegen fiel er als distanzierter, schlauer und gewitzter Außenseiter auf, dem es gelang, stets eine Gruppe von Mitschülern um sich zu scharen. 1989 wurde Brechts *Tagebuch No. 10* aufgefunden, das die Zeit von Mai bis Dezember 1913 umfasst. Es enthält im Wesentlichen eigene Gedichte und zeigt, dass sich Brecht schon früh zum Dichter berufen fühlte (vgl. Knopf, S. 13 f.). Mit einigen Mitschülern gab er die Schülerzeitung *Die Ernte* heraus. Zu seinem engeren Freundeskreis gehörte sein Klassenkamerad Rudolf Caspar Neher (1897–1962), der später als Bühnenbildner mit Brecht am Deutschen Theater in Berlin zusammenarbeitete. Die Gruppe traf sich in düsteren Vorstadtkneipen, gemeinsam verfasste man freche Lieder und

Balladen, die Brecht zur Gitarre vortrug. Der Umgang im Freundeskreis, aber auch die Nachrichten über die sich verschlechternde Kriegssituation veränderten Brechts Einstellung und Verhalten. War er wie die meisten 1914 patriotisch gesinnt gewesen, so stellte er in einem Schulaufsatz über Horaz' „Dulce est et decorum pro patria mori" kritisch fest: „Der Ausspruch, daß es süß und ehrenvoll sei, für das Vaterland zu sterben, kann nur als Zweckpropaganda gewertet werden. Der Abschied vom Leben fällt immer schwer, im Bett wie auf dem Schlachtfeld, am meisten gewiß jungen Menschen in der Blüte ihrer Jahre." (Zit. nach Völker, S. 16) Aufgrund dieser herausfordernden Kommentierung wäre er fast von der Schule verwiesen worden. Später äußerte er sich ironisch über seine Schulzeit: „Während meines neunjährigen Eingewecktseins an einem Augsburger Realgymnasium gelang es mir nicht, meine Lehrer wesentlich zu fördern. Mein Sinn für Muße und Unabhängigkeit wurde von ihnen unermüdlich hervorgehoben." (Zit. nach Völker, S. 13)

1917 schrieb sich Brecht als Medizinstudent an der **Münchner Universität** ein, besuchte aber bevorzugt Seminare von Artur Kutscher, dem „Theaterprofessor", der Übungen zur Stilkunde, Theaterkritik und modernen Literatur hielt. In München lernte er den Dramatiker und Lyriker Frank Wedekind (1864–1918) kennen. Brecht bewunderte dessen bissigen Spott, der die Heuchelei der bürgerlichen Gesellschaft entlarvte. Als Wedekind überraschend im März 1918 starb, schrieb Brecht einen leidenschaftlichen Nachruf in den *Augsburger Neuesten Nachrichten.*

Die zunehmende Ablehnung der bürgerlichen Gesellschaft fand literarischen Ausdruck in seinem ersten Bühnenstück *Baal* (1919), das nicht nur eine parodistische Antwort auf *Der Einsame* von Hanns Johst (Uraufführung: 30. März 1918 in den Münchner Kammerspielen) sein sollte, sondern auch drastisch seine eigenen Lebensansichten spiegelte. Wie der Dichter Baal lebte er in einer Dachkammer, wie dieser streifte er mit Freunden durch Vorstadtkneipen und trug dort seine Balladen vor. Im Gegensatz zum „neuen Menschen" der zeitgenössischen expressionistischen Dichtung ist Brechts Baal ein Wüstling und Mörder. Diese Weltsicht, in deren Diesseitshingabe sich Liebes- und Todesmotivik vereinen, findet sich auch in der 1927 herausgegebenen Lyriksammlung *Hauspostille*. Sie enthält Gedichte aus der frühen Zeit, in denen sich bereits der Übergang von Gesellschaftskritik zu sozialer Aggression erkennen lässt.

Im Oktober 1918 wurde Brecht zum Militär eingezogen und als Sanitäter in einem Augsburger Lazarett eingesetzt, wo er das Kriegsende erlebte. Die Erfahrungen mit den von ihm betreuten Verwundeten begleiteten ihn sein Leben lang. Hier bildete sich seine pazifistische Haltung, die sich beispielsweise in der satirischen *Legende vom toten Soldaten* ausdrückt – ein Text, der Brecht 1923 auf die schwarze Liste der Nazis brachte.

Die Novemberrevolution von 1918 und der Spartakusaufstand vom Januar 1919 motivierten ihn zum Stück *Spartakus*, der ersten Fassung der Komödie *Trommeln in der Nacht*. Ab Herbst 1919 ging er als Theaterkritiker bei der sozialistischen Augsburger Tageszeitung *Volkswille* mit dem traditionellen Theater radikal ins Gericht. Um diese Zeit pendelte er regelmäßig zwischen **Augsburg** und **München**. In der bayerischen Hauptstadt hielt sich Brecht mehr in Künstlerkreisen, wie dem Literaturzirkel im Café Stephanie, als beim Studium auf. Er lernte den schon bekannten Schriftsteller Lion Feuchtwanger (1884–1958) kennen, mit dem er später zusammenarbeitete und der ihm eine Stelle als Dramaturg an den Münchner Kammerspielen vermittelte. Angeregt durch die Freundschaft mit dem bewunderten Karl Valentin (1882–1948) entstanden mehrere Einakter. Nach dem Tod der Mutter zog Brecht 1920 nach **München**. 1922 wurde *Trommeln in der Nacht* in den Münchner Kammerspielen uraufgeführt. Für dieses Heimkehrer-Stück erhielt Brecht den Kleist-Preis. Zum ersten Mal wurden Mittel der Verfremdung auf der Bühne eingesetzt und das Spiel als Spiel vorgestellt. Die Premiere seines Stücks *Im Dickicht der Städte* fand 1923 unter dem Titel *Im Dickicht* am Münchner Residenztheater statt und löste heftige Tumulte aus. Es thematisiert die vollkommene Einsamkeit des Menschen im Großstadtdschungel.

1924 übersiedelte Brecht nach **Berlin**, wo er bereits 1920 und 1921 nach beruflichen Möglichkeiten gesucht hatte. Zusammen mit Carl Zuckmayer (1896–1977) wurde er Dramaturg an Max Reinhardts Deutschem Theater.

1926 erfolgte in Darmstadt die Uraufführung von Brechts Komödie *Mann ist Mann*. Ihr Thema ist der Verlust der Identität. Die Hauptperson, der gutmütige Galy Gay, wird überredet, die eigene Identität aufzugeben und die eines anderen anzunehmen. Er wird zu einem menschenverachtenden Ungeheuer „ummontiert“. Die traditionelle Vorstellung von einer festen Persönlichkeit wird damit aufgehoben, Menschen werden durch kapitalistische Gier verführbar oder sie verlieren ihre Individualität durch den gesellschaftlichen Zwang zur Konformität. In Brechts Schaffensprozess stellt das Stück einen Wendepunkt dar: Es weist bereits auf die folgenden Lehrstücke und das epische Theater hin. Zum ersten Mal findet sich die Parabelform. Dem didaktischen Ziel dienen auch die verschiedenen Stilebenen. Eingestreute Songs begleiten kommentierend die Handlung. Spiel- und Kommentarebene ergänzen sich.

1927 lernte er den Komponisten Kurt Weill (1900–1950) kennen, der die Musik zur *Dreigroschenoper* (1928) schrieb. Das Stück, das die traditionelle Oper parodiert, hatte großen Erfolg und machte Brecht international bekannt. Es zeigt im Gangstermilieu Londons den Kampf zwischen dem Bandenanführer Mackie Messer und dem Bettlerkönig Peachum. Brechts ideologische Absicht zielte dabei auf die Entlarvung der kapitalistischen Gesellschaft als Ausbeutersystem. Die Uraufführung der Anti-Oper *Aufstieg und Fall der Stadt Mahagonny* 1930 in Leipzig löste einen gewaltigen Theaterskandal aus. Brecht stellt Mahagonny als eine Stadt des Lasters dar und entwirft das negative Bild einer Gesellschaft, in der für Geld alles zu haben ist. 1929/30 schrieb Brecht an seinem Stück *Die heilige Johanna der Schlachthöfe*, das vor dem Hintergrund der Fleischfabriken Chicagos die Probleme der amerikanischen Wirtschaftskrise thematisiert. Parodistisch wird auf Schillers *Jungfrau von Orléans* angespielt. 1931 arbeitete er am Stück *Die Mutter* nach Gorkis gleichnamigem Roman, zusammen mit dem bulgarischen Filmregisseur und Drehbuchautor Slátan Dudow (1903–1963), dem Komponisten Hanns Eisler (1898–1962) und dem Schriftsteller Günther Weisenborn (1902–1969). Unter der Regie von Slátan Dudow entstand 1931/32 einer der bekanntesten kommunistischen Filme: *Kuhle Wampe oder Wem gehört die Welt?* Der Streifen, der zur Zeit der Weltwirtschaftskrise spielt, wurde von der Zensur verboten und erst nach Änderungen freigegeben.

Noch in Augsburg war Brecht 1916 eine Beziehung mit Paula Banholzer (1901–1989) eingegangen, 1919 kam der gemeinsame Sohn Frank zur Welt. 1920 lernte Brecht die Sängerin Marianne Zoff (1893–1984) kennen und heiratete sie zwei Jahre später. 1923 wurde die Tochter Hanne geboren. Im gleichen Jahr traf er die jüdische Schauspielerin Helene Weigel (1900–1971) und verliebte sich in sie. 1924 erblickte der Sohn Stefan das Licht der Welt.[3] 1929, nach der Scheidung von seiner Frau Marianne, heirateten Brecht und Weigel. 1930 wurde Tochter Barbara geboren. Im November 1924 kam Elisabeth Hauptmann (1897–1973) als Mitarbeiterin zu Brecht, später wurde auch sie seine Geliebte. Im Januar 1932 traf er die 23-jährige Margarete Steffin (1908–1941), die in seinem Stück *Die Mutter* (Uraufführung 17. Januar 1932) das Dienstmädchen spielte. Die junge begabte Schauspielerin und Schriftstellerin wurde Brecht mit ihrer Vielsprachigkeit zur unerlässlichen Begleiterin und Sekretärin im Exil. Schon bald entwickelte sich eine weitere Liebesgeschichte.

Brecht arbeitete in Berlin wie besessen, er blieb aber trotzdem lange Zeit in finanziellen Nöten. Den Nazis war Brecht mit seiner scharfen Ironie, seinem kritischen Geist, seiner Nähe zum Kommunismus und seiner pazifistischen Einstellung suspekt. Seit 1930 begannen sie immer häufiger und immer massiver die Aufführungen seiner Werke zu stören. Am 28. Februar 1933, einen Tag nach dem Reichstagsbrand, verließ Brecht mit seiner Familie und einigen Freunden Deutschland und begab sich ins **Exil**. Er floh über **Prag**, **Wien**, **Zürich** und **Paris** nach **Dänemark**. Die dänische Schriftstellerin Karin Michaelis (1872–1950), die Helene Weigel schon länger kannte, stellte zunächst ihr Haus auf der kleinen Insel Thurö zur Verfügung und war auch bei Brechts Wohnungssuche auf der Insel Fünen hilfreich. Hier konnte sich Brecht im Sommer 1933 in Skovbostrand bei Svendborg ein Haus kaufen. Margarete Steffin traf ebenfalls in Dänemark ein. Im gleichen Jahr lernte Brecht die dänische Journalistin, Fotografin und Schauspielerin Ruth Berlau (1906–1974) kennen, die bald darauf seine Geliebte und Mitarbeiterin wurde. 1935 erfolgte die offizielle Ausbürgerung durch die Nationalsozialisten. Brecht fuhr nach Moskau, um die Möglichkeiten seines Theaters in der Sowjetunion auszuloten. Dabei traf er auf den weltbekannten Star der Peking-Oper[4] Mei Lanfang (1894–1961). Er bewunderte dessen Aufführung[5] und war besonders von der artistischen und stilisierten Gestik angetan. Er sah, dass die chinesische Schauspielkunst nur ein Minimum an Illusion benötigt und sich stets von den dargestellten Vorgängen zu distanzieren versucht. Durch Mei Lanfang gewannen Brechts Vorstellungen vom Verfremdungseffekt (V-Effekt) weiter an Kontur.

Ostern 1939 siedelte Brecht nach **Schweden** über. Auf der kleinen Insel Lidingö in der Nähe von Stockholm fand er mit seiner Familie in einem Haus Unterkunft, das ihm die Bildhauerin Ninan Santesson zur Verfügung stellte. Der Einmarsch deutscher Truppen in Dänemark und Norwegen am 9. April 1940 bedeutete für Brecht eine akute Gefährdung.[6] Am 17. April gelang mit Hilfe der finnischen Schriftstellerin Hella Wuolijoki die Ausreise nach **Helsinki**. Die finnische Freundin bot den Brechts ihr mitten in der Natur liegendes Gut Marlebäck als Wohnung an. Im Mai 1941 kamen die ersehnten Visa für die Vereinigten Staaten und Brecht verließ mit seiner Familie, Ruth Berlau und Margarete Steffin Finnland. Die Reise führte über Moskau, wo die schwerkranke Margarete Steffin zurückblieb[7], und Wladiwostok nach Kalifornien. In **Santa Monica** bei Hollywood, wo Brecht sich niederließ, traf er auf viele deutsche Emigranten, so auf Lion Feuchtwanger, Fritz Kortner, Fritz Lang, Leonhard Frank, Hanns Eisler, Paul Dessau und Heinrich Mann.

Im Exil verfasste er 1934 etliche Beiträge für Emigrantenzeitschriften in Amsterdam, Prag und Paris und schrieb an einer Reihe von Werken: 1936/37 arbeitete er an *Die Gewehre der Frau Carrar* (1936/37), einem Einakter, der den spanischen Bürgerkrieg zum Thema hat, 1937 entstanden erste Szenen zu *Furcht und Elend des Dritten Reiches*, 1938 brachte er in wenigen Wochen die erste Fassung von *Leben des Galilei* zu Papier, ein Stück, das die Verantwortung des Wissenschaftlers thematisiert. Im März 1939 begann die Arbeit an *Der gute Mensch von Sezuan*, im September die Niederschrift von *Mutter Courage und ihre Kinder*, im November war das Hörspiel *Das Verhör des Lucullus* beendet, im September 1940 lag *Herr Puntila und sein Knecht Matti* vor, im Frühjahr 1941 schrieb Brecht das Stück *Der aufhaltsame Aufstieg des Arturo Ui.* 1943 arbeitete er an *Schweyk im Zweiten Weltkrieg* und 1944 an *Der kaukasische Kreidekreis.*

Brecht fand sich in Amerika nur schwer zurecht. Mit der Hilfe von Freunden gelang es, über finanzielle Probleme hinwegzukommen. Versuche, in der Filmbranche Arbeit zu finden, brachten nicht den erhofften Erfolg. Ende Oktober 1947 wurde er in Washington von dem Ausschuss zur Untersuchung „unamerikanischer Betätigung“ verhört. Man wollte feststellen, ob in Hollywood kommunistische Zellen existierten. Brecht konnte sich geschickt in einer scharfen Befragung behaupten. Er wurde freigelassen und flog bereits am folgenden Tag nach **Paris**, am 5. November war er in **Zürich**. In einem kleinen Haus am Zürcher See traf er mit Freunden und Bekannten zusammen: Caspar Neher, Max Frisch, Günther Weisenborn und Friedrich Dürrenmatt. Im Februar 1948 fand in Chur die Premiere von *Die Antigone des Sophokles* statt, eine Bearbeitung des antiken Stoffes mit Helene Weigel in der Hauptrolle. Später entstand daraus das *Antigone-Modell 1948*. Im gleichen Jahr arbeitete er an *Kleines Organon für das Theater*, einer Zusammenfassung seiner Theatervorstellungen und gleichzeitig eine der wichtigsten modernen Dramentheorien.

Brecht wartete vergeblich auf eine Einreise nach Westdeutschland. Im Oktober 1948 fuhr er über Prag nach **Ostberlin**. Unmittelbarer Anlass war eine Inszenierung der *Mutter Courage* am Deutschen Theater mit Helene Weigel in der Hauptrolle. Außerdem besprach er mit Vertretern der Stadt und der Partei seine Vorstellungen von einem eigenen Theater. Im September 1949 gründete Brecht zusammen mit Helene Weigel das Berliner Ensemble, das nach einiger Zeit sein eigenes Haus bekam: das Theater am Schiffbauerdamm, wo Brecht große Erfolge erlebte. Hier schuf Brecht die „beste Bühne Europas, vielleicht der Welt" (Kesting, S. 120), eine Bühne, auf der er seine Vorstellungen ausprobieren und verwirklichen konnte. Im Oktober 1951 erhielt Brecht den Nationalpreis 1. Klasse der DDR. Als am 17. Juni 1953 der Volksaufstand in der DDR durch sowjetische Panzer beendet wurde, kam es zu Spannungen zwischen Brecht und der Partei, doch übernahm Brecht schließlich die staatliche Sichtweise und erklärte in einem Schreiben seine Verbundenheit mit der Parteispitze. Im Mai 1955 erhielt er in Moskau den Stalin-Preis. Am **14. August 1956 starb Brecht** infolge eines Herzinfarkts. Er wurde auf dem Berliner Dorotheenfriedhof beerdigt.

# Anregungen und Entstehungsgeschichte

## 1 Anregungen

Brechts zeitgeschichtliche Erfahrungen und künstlerisch-ideologische Absichten bildeten eine wesentliche Grundlage für das Werk. Dieses wurde zusätzlich angeregt von literarischen und bildkünstlerischen Vorlagen. Im historischen Ereignis des Dreißigjährigen Krieges ließ sich nicht nur zeigen, wie sich Menschen im Krieg verhalten, sondern auch, wie ihr Handeln von gesellschaftlichen und politischen Kräften geprägt wird.

### Literarisch-thematische Einflüsse

Brecht kannte den historischen Stoff aus verschiedenen literarischen Quellen. Bereits als Augsburger Schüler hatte er sich mit **Schillers** *Wallensteins Tod* und *Wallensteins Lager* auseinanderzusetzen. Er schätzte Alfred **Döblins** Roman *Wallenstein* (1920), bei dem der Dreißigjährige Krieg zur Metapher für die Schrecken des Ersten Weltkriegs wird. Zusätzlich war ihm diese Zeit durch zwei Romane von Hans Jakob Christoffel von **Grimmelshausen** vertraut: *Lebensbeschreibung der Ertzbetrügerin und Landstörtzerin Courasche* (1670) und *Der Abenteuerliche Simplicissimus Teutsch* (1668). Vom ersten Roman übernimmt er den Namen der Hauptfigur Courasche – Courage, ebenso deren Gier, Verschlagenheit und Unbelehrbarkeit. Andere Eigenschaften überträgt er auf Yvette Pottier. Eine formale Entsprechung sind die den Kapiteln vorangestellten knappen Inhaltsangaben. Im zweiten Werk sah Brecht Parallelen zwischen Grimmelshausens Kriegsschilderung und der eigenen Gegenwart.

Nach neueren Forschungen hat Brecht das zentrale Thema ‚Mutterliebe gegen Geldgier' dem Werk *Mette Trap og hendes Unger* (*Mette Trap und ihre Kinder;* dt. Ausgabe 1925: *Mette Trap*) von Karin **Michaelis** (s. *Interpretationshilfe,* S. 8) entnommen.[8]

Eine entscheidende Inspiration für die Niederschrift der *Mutter Courage* bildete die Ballade der Marketenderin Lotta Svärd, verfasst von dem finnlandschwedischen Schriftsteller Johan Ludvig **Runeberg** (1804–1877).[9]

## Bildkünstlerische Anregung

Peter Langemeyer (vgl. Langemeyer, S. 74) glaubt eine weitere Anregung zu erkennen, und zwar das Gemälde *Die tolle Grete* (*Dulle Griet*, 1562) des niederländischen Malers Pieter **Bruegel** (geb. um 1525–1530, gest. 1569). Auf dessen düsterem Bild sieht man eine hagere Frau, die mit einem Schwert in der Hand und mit geplünderten Gegenständen aus einer brennenden Stadt herausstürmt. Brecht hob bei diesem „Kriegsbild" hervor, dass es die „Kriegsfurie" „in ihrer Hilflosigkeit und Beschränktheit zeigt und ihr einen Dienstbotencharakter verleiht"; Bruegel erzeuge dadurch „einen tiefen Schrecken" (GBA Bd. 22, S. 270 f.).

Pieter Bruegel, *Die tolle Grete* (Ausschnitt)

## Der historische Hintergrund

### Die Auseinandersetzung Schwedens mit Polen

Den Hintergrund der in *Mutter Courage* erfassten Ereignisse (1624–1636) bildet die Zeit des Dreißigjährigen Krieges (1618–1648). Zunächst spielt das Geschehen aber auf Nebenschauplätzen in Schweden und Polen. Es handelt sich um eine schwedisch-polnische Auseinandersetzung, die ihren Ursprung sowohl in dynastischen Streitigkeiten zwischen den protestantischen Wasa in Schweden und den katholischen Wasa in Polen, aber auch im schwedischen Herrschaftsstreben im Baltikum hat. Unter der Führung von Gustav II. Adolf (geb. 1594, schwedischer König von 1611 bis zu seinem Tod am 16. November 1632 bei Lützen) fielen die Schweden in Livland ein und eroberten 1621 Riga. 1626 hatten die Schweden fast die gesamte polnische Küste besetzt. 1629 suchte Gustav Adolf den Frieden mit Polen (Frieden von Altmark), um in den Krieg gegen das Reich eingreifen zu können.

### Der Dreißigjährige Krieg

Der Augsburger Religionsfriede von 1555 hatte die konfessionellen Spannungen, die mit dem Beginn der Reformation das Ringen um den wahren Glauben begleiteten, nicht beheben können. Sie verschärften sich im Zuge der Gegenreformation, mit der die katholischen Kaiser nicht nur den Protestantismus zurückzudrängen, sondern auch ihre politische Macht gegenüber den Landesfürsten neu zu festigen versuchten. Bereits 1608 standen sich die Parteien in zwei feindlichen Bündnissen gegenüber: Die protestantischen Fürsten hatten sich zur „Union“ zusammengeschlossen, 1609 stellte ihr Maximilian von Bayern die katholische „Liga“ entgegen.

Die Habsburger traten der Liga zunächst nicht bei. Von innerfamiliären Zwistigkeiten geschwächt, sah sich Kaiser Rudolf II. (1576–1612) sogar gezwungen, als König von Böhmen den protestantischen Ständen in einem „Majestätsbrief“ freie Religionsausübung zu gewähren. Als Ferdinand, seit 1617 König von Böhmen, trotzdem versuchte, die Gegenreformation in Böhmen durchzusetzen, warfen aufgebrachte böhmische Adlige zwei kaiserliche Räte aus dem Fenster der Prager Burg. Dieser „Prager Fenstersturz“ gilt als Auslöser des Dreißigjährigen Krieges.

*Der böhmisch-pfälzische Krieg (1618–1625)*
Die böhmischen Stände erklärten Ferdinands Wahl zum König von Böhmen für ungültig und wählten Friedrich V. von der Pfalz zu ihrem neuen Souverän. Friedrich konnte sich nur kurz als böhmischer König halten. Am 8. Oktober 1620 wurde er vom Feldherrn der Liga, Tilly (1559–23. April 1632 in Ingolstadt), am Weißen Berg bei Prag geschlagen und musste fliehen. Ferdinand bestrafte die Aufständischen hart. In Böhmen wurde der Katholizismus die einzige erlaubte Religion. Maximilian erhielt die Kurfürstenwürde. Die Oberpfalz kam an Bayern.

*Der niedersächsisch-dänische Krieg (1625–1629)*
Durch Tillys siegreichen Vorstoß nach Norddeutschland fühlte sich der dänische König Christian IV. bedroht, der als Herzog von Holstein zugleich deutscher Reichsfürst war. Er übernahm die Führung der protestantischen Interessen, verfolgte aber daneben eigene Pläne im Hinblick auf norddeutsche Gebiete. Ferdinand II. schickte ihm Tilly und seinen neuen Feldherrn Albrecht von Wallenstein entgegen. Christian wurde in mehreren Schlachten geschlagen. Fast ganz Norddeutschland wurde erobert. 1629 erließ der Kaiser das „Restitutionsedikt“. Danach mussten die Protestanten alle Kirchengüter zurückgeben, die sie seit 1552 (Passauer Vertrag) erworben hatten. Gleichzeitig zielte Ferdinand mit dem Edikt auf eine Steigerung der habsburgischen Macht. Diese zentralistischen Absichten sowie der schnelle Ruhm und die Eigenmächtigkeiten Wallensteins stießen auf den Widerstand der katholischen Fürsten. Auf dem Regensburger Reichstag 1630 konnten sie die Entlassung Wallensteins durchsetzen.

*Der schwedische Krieg (1630–1635)*

Das Vordringen der katholischen Habsburger in Norddeutschland und an der Ostsee bewog den protestantischen Schwedenkönig Gustav Adolf zum Eingreifen, wobei neben religiösen auch machtpolitische und wirtschaftliche Motive eine Rolle spielten. Gustav Adolf drängte die katholischen Truppen zurück und rückte bis Bayern vor. Diese Entwicklung zwang den Kaiser, Wallenstein erneut einzusetzen, der sich erst nach großen Zugeständnissen bereit erklärte, wieder in den Krieg einzugreifen. Wallenstein eroberte das besetzte Böhmen zurück. Bei Lützen trafen 1632 seine Truppen auf die Schweden. Diese konnten sich zwar behaupten, doch Gustav Adolf fiel. Wallensteins zögerliche Haltung stieß auf das Misstrauen Maximilians von Bayern und des Kaisers. Seine Verhandlungen mit kaiserlichen Gegnern verschärften die Spannungen. 1634 wurde er vom Kaiser geächtet und von Offizieren seines eigenen Heeres in Eger ermordet. Noch im gleichen Jahr gelang es den kaiserlichen Truppen, die Schweden bei Nördlingen vernichtend zu schlagen und aus Süddeutschland zu vertreiben. 1635 kam es zum Frieden von Prag zwischen dem Kaiser und fast allen Reichsfürsten. Darin wurde das Restitutionsedikt aufgehoben, ein gemeinsames Heer unter kaiserliche Führung gestellt. Sonderbünde einzelner Fürsten wurden untersagt und ausländische Truppen sollten das Reich nicht mehr betreten dürfen.

*Der schwedisch-französische Krieg (1635–1648)*

Der Machtzuwachs des Kaisers durch den Prager Frieden führte 1638 zum Kriegseintritt Frankreichs, das schon lange verdeckt gegen die Habsburger agiert hatte. Bereits 1635 war die Kriegserklärung an Spanien erfolgt. Aus dem ehemaligen Religionskrieg war eine Auseinandersetzung um die Vormachtstellung in Europa geworden. Zunehmend litt das Reich unter den chaotischen, unmenschlichen Zuständen. Eine klare strategische Kriegsführung war nicht mehr erkennbar. Brandschatzend, plündernd, tötend und vergewaltigend zog eine rücksichtslose, gewalttätige Soldateska durch Deutschland. Ganze Landstriche wurden verwüstet, Städte und Dörfer zerstört. Die Bevölkerungszahl schrumpfte stark. Überall herrschten Grausamkeit, Sittenverfall und Elend.

*Der Westfälische Friede (1648) – Ergebnisse*

Erst eine allgemeine Erschöpfung zwang die Gegner, Friedensverhandlungen aufzunehmen. Sie zogen sich über mehrere Jahre hin. 1648 kam es in Münster zum Frieden mit Frankreich, in Osnabrück zum Frieden mit Schweden. Die wichtigsten Bestimmungen waren:

- Der Augsburger Religionsfriede wurde auf die Calvinisten ausgedehnt.
- Der kirchliche Besitzstand und die Konfessionszugehörigkeit wurden nach dem Stand des Jahres 1624 festgelegt.
- Schweden erhielt Gebiete an der Weser, Elbe und Odermündung.
- Frankreich schob seine Grenze an den Rhein vor.
- Bayern bekam die Oberpfalz und die Kurwürde.
- Die Schweiz und die Niederlande schieden als selbstständige Staaten aus dem Reichsverband aus.
- Die Reichsstände erhielten volle Landeshoheit mit dem Recht, Bündnisse zu schließen, außer gegen den Kaiser.
- Der Kaiser verlor an Macht. Bei wichtigen politischen Entscheidungen war er an die Zustimmung des Reichstags gebunden.

*Die Folgen*

Deutschland verlor ein Drittel der Bevölkerung. Es war für zwei Jahrhunderte in seiner wirtschaftlichen Entwicklung gelähmt und vom Welthandel abgetrennt (Flussmündungen unter Kontrolle fremder Staaten). Während die erstarkten Landesfürsten eigenen Interessen nachgingen, zerfiel die Vorstellung von der Reichseinheit; partikulare Interessen höhlten die Reichsgewalt aus. Frankreich hingegen entwickelte sich zum Einheitsstaat.

## Zeitgeschichtliche Erfahrungen

Am **30. Januar 1933** leitete die **Machtübernahme Hitlers** eine Zeit der Barbarei ein, die für zahlreiche Kulturträger unzumutbar wurde. Über 1 500 Schriftsteller verließen Deutschland und gingen ins Exil. Andere wählten die innere Emigration. Die nationalistische Ideologie hatte Brecht schon früh hellhörig und vorsichtig gemacht. Für den linken Intellektuellen und seine jüdische Frau bedeutete der deutsche Faschismus eine zunehmende **Bedrohung**. Als es in der Endphase der Weimarer Republik zu massiven **Störungen seiner Theateraufführungen** kam, reifte der Gedanke an eine Emigration: Am 28. Februar 1933 floh er mit seiner Familie aus Deutschland (s. *Interpretationshilfe,* S. 8). Am 10. Mai 1933 wurden in deutschen Städten Werke jüdischer Autoren und solche „undeutschen Geistes" als „Schmutz und Schund" verbrannt, darunter auch Brechts Bücher. Einen Tag später wurde sein gesamtes Werk verboten.

Mit dem **Exil** vollzog sich ein **entscheidender Einschnitt in Brechts Leben**. Er bedeutete den Verlust der mühsam gewonnenen Bühnen und damit finanzielle Probleme. Besonders belastend waren die Sprachschwierigkeiten, die Brecht gerade als Theaterautor betrafen. Um für Helene Weigel, die des Schwedischen nicht mächtig war, eine Rolle zu schaffen, erfand er die Figur der stummen Kattrin. Eine Aufführung kam jedoch nicht zustande, weil man den Zeitbezug der *Mutter Courage* erkannte und eine politische Konfrontation scheute:

> *Es kam nicht zu solchen Aufführungen. Die Schriftsteller können nicht so schnell schreiben, als die Regierungen Kriege machen können; denn das Schreiben verlangt Denkarbeit. Die Bühnen waren viel zu früh in den Händen des großen Räubers.*
> (Zit. nach Müller, S. 247)

Als der Feldwebel in der ersten Szene nach Namen und Kindern fragt, verwirrt ihn die Courage mit dem Hinweis auf deren unterschiedliche Väter, wohl eine ironische Kritik der nationalsozialistischen Rassenpolitik. Kattrin wird als eine „halbe Deutsche" (S. 11) bezeichnet. Dies könnte auf Helene Weigel verweisen. Aufgrund der Nürnberger Gesetze von 1935 galt sie als Jüdin in Deutschland zwar noch als „Staats-", nicht mehr jedoch als „Reichsbürgerin", also als „halbe Deutsche".[10] Der Hinweis auf andere Nationalitäten ist eine Anspielung auf Länder, die auf eine Neutralitätspolitik setzten, wie Finnland (vgl. Eilif, den „finnische[n] Teufel") und die Schweiz (vgl. Schweizerkas), und Länder wie Ungarn (vgl. Mutter Courages Liaison mit einem Ungarn), deren Regierung den Nazis freundschaftlich verbunden war.

Während Brecht *Mutter Courage* niederschrieb, brach mit dem deutschen Überfall auf Polen am **1. September 1939** der **Zweite Weltkrieg** aus. Der Autor befand sich damals bereits über sechs Jahre im Exil. Für wen schreibt man im Exil? Brecht antwortete in einem Aufsatz für die Kopenhagener Aufführung 1953:

> *Im Exil schreibt man in besonderer Weise. Man ruft sozusagen in den Wind. Aber man ruft doch in eine bestimmte Richtung. Zu niemandem gehörend, spricht man doch nicht zu allen. Von denen, die nicht herhören, spricht man zu ganz bestimmten. Und im Grunde, uneingestanden, spricht man weiter zu denen nach Hause, die gar nicht mehr hören können. Das Handwerk des Exilierten ist das Hoffen.* (Zit. nach Müller, S. 246)

Brecht beobachtete mit wachen Augen die politische Entwicklung in Deutschland. In zwei Parabelstücken, den Einaktern *Dansen* und *Was kostet das Eisen?* (1939), versuchte er seinen Gastländern anzudeuten, dass ihre Neutralitätspolitik bei gleichzeitiger Hoffnung auf lukrative Geschäfte bedrohlich werden könnte. Seiner Meinung nach hatten sie deren Gefährlichkeit nicht erkannt. Es war **Brechts Absicht**, mit diesen Agitationsstücken, die der *Mutter Courage* unmittelbar vorausgingen, die

**skandinavischen Länder zu warnen.**[11] Ihr Verhalten könnte sich als verhängnisvoll erweisen, denn – und das ist auch das Thema in *Mutter Courage* – wer vom Krieg leben will, „[w]ird ihm wohl müssen auch was geben" (S. 19). Im erwähnten Aufsatz zur Kopenhagener Aufführung heißt es weiter:

> *Ich stellte mir, schreibend, vor, dass von den Bühnen einiger großen Städte herab, die Warnung des Stückschreibers zu hören sein würde, die Warnung, dass der einen langen Löffel haben muss, der mit dem Teufel frühstücken will.* (Zit. nach Müller, S. 247)

Für das Programmheft der Kopenhagener Aufführung 1953 schrieb Brecht:

> *Schrecklicherweise ist die Warnung des Stücks heute nicht überholt, denn nur der spezielle Krieg, vor dem es einst warnte, ist vorbei, aber neue scheinen heraufzuziehen.* (Zit. nach Müller, S. 249)

## Ideologische Einflüsse

Ende der Zwanzigerjahre begann sich Brecht verstärkt für den **Sozialismus und Marxismus** zu interessieren. Es entsprach seinen Vorstellungen vom Theater, die **Menschen in ihren geschichtlichen Bezügen** zu zeigen. Er verfolgte damit zwei Ziele:

- Einmal konnte er den Menschen als ein einer bestimmten Gesellschaft zugehöriges, aber auch von ihr geprägtes und abhängiges Wesen darstellen. In der Geschichtlichkeit einer Gesellschaft lässt sich ihre Vergänglichkeit und damit auch ihre Änderbarkeit erkennen. Es liegt demnach in der Möglichkeit des Menschen, auf die gesellschaftlichen Verhältnisse einzuwirken und sie gegebenenfalls zu ändern.
- Zum anderen kann sich im Geschichtlichen das Gegenwärtige spiegeln. Dieser Aspekt bietet aber gerade durch die Perspektive einer zeitlichen Distanzierung und Verfremdung die Chance, die Gegenwart objektiver zu erkennen und die notwendigen Schlüsse für die Zukunft zu ziehen.

So kann Brecht in der gierig auf Gewinn bedachten Courage den modernen Kapitalismus kritisieren und in der Darstellung des Dreißigjährigen Krieges auf das Schreckliche eines jeden Krieges aufmerksam machen, besonders aber auf das Unheilvolle des beginnenden Zweiten Weltkrieges hinweisen.

Anregungen, Einflüsse, Ambitionen

**Mutter Courage und ihre Kinder**

**Literarisch-thematische Einflüsse**
Grimmelshausen: *Lebensbeschreibung der […] Courasche; Simplicissimus;* Schiller: *Wallenstein;* Döblin: *Wallenstein;* Michaelis: *Mette Trap;* Runeberg: *Lotta Svärd*

**Bildkünstlerische Anregung**
Bruegel: *Die tolle Grete*

**Historische Anregungen**
Krieg zwischen Schweden und Polen; Dreißigjähriger Krieg

**Zeitgeschichtliche Motivation**
politische Situation in Nazi-Deutschland; Kriegsbeginn; Verhalten skandinavischer Staaten gegenüber NS-Deutschland

**Sprachliche Einflüsse** (siehe „Sprachliche Form")
Luther-Deutsch; oberdeutscher Dialekt; Hašek: *Schwejk;* Karl Valentin

**Persönliche Erfahrungen** (siehe „Biografische Skizze")
Augsburger Lazarettzeit; Nazi-Terror gegen Aufführungen, Werke und Brechts Person; Flucht ins Exil

**Weltanschauliche und künstlerische Ambitionen**
(siehe auch „*Mutter Courage* als episches Theater")
marxistische Ideologie; Kapitalismus-Kritik; Historisierung; Desillusionierung

## 2 Zur Entstehung des Stücks

Es fehlen eindeutige Zeitangaben zur Entstehung des Werks. Zwar hat Brecht wiederholt versichert, das Stück bereits **1938**, also im dänischen Exil, geschrieben zu haben, doch gibt es glaubhafte Hinweise für eine Niederschrift im Herbst des Jahres **1939**.

Im *Modellbuch* von 1949 betont Brecht, dass er das Stück 1938 verfasst habe (*Modellbuch*, S. 78; Müller, S. 189). In einem Gespräch mit Friedrich Wolf vom gleichen Jahr heißt es: „Das Stück ist 1938 geschrieben, als der Stückeschreiber einen großen Krieg voraussah“ (GBA Bd. 23, S. 112; auch in: *Theaterarbeit*, S. 255; *Materialien*, S. 90). 1953 äußerte er sich in einem Aufsatz zur Kopenhagener Aufführung 1953: „Das Stück *Mutter Courage und ihre Kinder* schrieb ich im dänischen Exil, vor ein und einhalb Jahrzehnten.“ (Zit. nach Müller, S. 246) Das gedruckte Programmheft der Kopenhagener Aufführung hält fest: „Das Stück wurde vor Ausbruch des Zweiten Weltkrieges unter dem fünischen Strohdach geschrieben.“ (GBA Bd. 24, S. 274)

Für 1939 sprechen dagegen Notizen und Briefaussagen von Brechts Sekretärin Margarete Steffin. Diese hatte in ihrem Notizkalender über den Spalten des 27./28. September 1939 vermerkt: „Brecht hat Mutter Courage angefangen“, und über den Spalten vom 29. Oktober bis 3. November festgehalten: „Courage fertig“ (zit. nach Müller, S. 11).[12] In einem zwar undatierten, aber vermutlich nach dem 1. September 1939 (Kriegsbeginn!) verfassten Brief an den Journalisten Fredrik Martner teilt M. Steffin mit:

> *Brecht hat angefangen, ein neues Stück zu schreiben, und will sich mit nichts anderem beschäftigen, bevor er es fertig gemacht hat, es scheint ihm wichtig jetzt, da der Krieg gekommen ist. Die Handlung spielt zur Zeit des Dreißigjährigen Krieges, aber das Stück hat noch keinen Titel. Das Beste: Er hat eine Rolle für die Weigel geschaffen!* (Zit. nach Langemeyer, S. 77)

Von Brecht gibt es zwei Texte aus dem Zeitraum Sommer bis Herbst 1939, von denen der eine *(Die finnische Niobe)* die Fabel stark verdichtet präsentiert, der andere (*Dramatische Kurve:* GBA Bd. 24, S. 258–260) den Gang der Handlung bereits klar angibt. Der Text unter der Überschrift *Die finnische Niobe* lautet:

> *Mutter Courage hat drei Schützlinge: den kühnen und klugen Sohn, den redlichen und dummen Sohn, die stumme Karin [!].*

> *Der kühne und kluge Sohn stirbt an der Kühnheit und Klugheit, der redliche dumme Sohn an der Redlichkeit und Dummheit, die stumme Karin, weil sie trommelt.* (GBA, Bd. 24, S. 258)

Aufgrund dieser Fakten gilt es als wahrscheinlich, dass *Mutter Courage und ihre Kinder* **zwischen dem 27. September und dem 3. November 1939 in Schweden niedergeschrieben** worden ist. Wann Brecht die Idee für das Stück fasste, ist nicht bekannt; die Thematik hatte ihn wohl schon länger beschäftigt.

Von der ersten Niederschrift 1939 bis zur korrigierten Neuauflage 1950 des Erstdrucks von 1949 gibt es nur geringe Veränderungen. Sie zielen hauptsächlich auf eine schärfere Herausarbeitung der profitgierigen Züge der Courage.

Gefeiertes Gastspiel des Berliner Ensembles in Paris 1954

# Inhaltsangabe

## 1. Szene

Es ist Frühjahr 1624. Auf einer Landstraße im südschwedischen Dalarne beklagen ein Feldwebel und ein Werber die Schwierigkeiten ihrer militärischen Aufgabe. Sie sollen neue Soldaten für den Krieg Schwedens gegen Polen rekrutieren. Als ein Planwagen von zwei jungen Männern gezogen heranrollt, wittern sie eine Chance. Es handelt sich um Eilif und Schweizerkas, die beiden Söhne der Marketenderin Anna Fierling, genannt Mutter Courage, die sich mit ihrer stummen Tochter Kattrin auf dem Wagen befindet. Die Gruppe kann sich nicht ausweisen. Es fehlen die Papiere. Bei der Befragung erfahren die Soldaten von der unterschiedlichen Herkunft der Kinder. Sie möchten die Söhne für den Kriegsdienst verpflichten, stoßen dabei aber auf den erbitterten Widerstand der Mutter. Um die Gefährlichkeit des Krieges zu demonstrieren, lässt sie den Feldwebel und ihre Kinder das Los ziehen. Allen wird ein tödliches Schicksal vorausgesagt. Mutter Courage will weiterziehen, doch die Soldaten greifen zu einer List. Während sie der Feldwebel mit dem Kauf einer Schnalle ablenkt, gelingt es dem Werber, Eilif für den Soldatendienst zu gewinnen und mit ihm fortzuziehen. Über ihrem Geschäft hat Mutter Courage ihren Ältesten verloren.

## 2. Szene

1626 befindet sich Mutter Courage im schwedischen Lager in Polen. Sie versucht, dem Koch des Feldhauptmanns einen Hahn zu verkaufen, der diesem zu teuer ist. Als jedoch der Feldhauptmann mit einem jungen Soldaten erscheint und nach fleischlicher Kost verlangt, wird die Marketenderin ihren Kapaun sogar zu einem erhöhten Preis los. Im Begleiter des Feldhauptmanns erkennt sie ihren Sohn Eilif. Dieser hat einige Bauern getötet und ihnen ihr Vieh geraubt. In der Küche hört die Mutter, wie er dem Feldhauptmann von dieser riskanten Aktion berichtet und von ihm wegen seiner angeblich gottgefälligen Heldentat gelobt wird. Eilif singt ein Soldatenlied, in das seine Mutter einstimmt. Freudig umarmen sie sich, doch gleich darauf schlägt die Mutter ihrem Sohn ins Gesicht, weil er zu verwegen gewesen sei und sich den ihn bedrängenden Bauern nicht ergeben habe. Er erfährt von seiner Mutter, dass Schweizerkas inzwischen beim zweiten schwedischen Regiment Zahlmeister geworden ist.

## 3. Szene

Drei Jahre später. Im Feldlager eines finnischen Regiments will der Zeugmeister Mutter Courage einen Sack Kugeln verkaufen. Sie zögert, weil sie der Besitz von Mannschaftsmunition vor das Feldgericht bringen könnte, dann aber entschließt sie sich doch für das einträgliche Geschäft. Die Lagerprostituierte Yvette Pottier erzählt aus ihrem Leben, singt das Lied vom „Fraternisieren“ und wird von Kattrin bewundert. Während die Courage, der Feldprediger und der Koch über die politische Situation diskutieren, erfolgt ein Überfall der Katholischen. Schweizerkas versucht die Regimentskasse zunächst im Wagen der Mutter, dann am Fluss zu verstecken. Kurz darauf wird er von den Gegnern als Zahlmeister erkannt. Bei einer Gegenüberstellung leugnet die Courage, ihn zu kennen. Sie will aber ihren Wagen an Yvette verpfänden, um ihren Sohn von den Katholischen auslösen zu können. Dabei rechnet sie mit der Regimentskasse. Als sie jedoch hört, dass Schweizerkas die Geldschatulle in den Fluss geworfen hat, feilscht sie zu lange. Ihr Sohn ist bereits verurteilt und hingerichtet worden. Während Landsknechte den toten Schweizerkas vor seine Mutter bringen, leugnet diese erneut, ihn zu kennen.

## 4. Szene

Die Katholischen vermuteten, dass die Courage mit dem Zahlmeister gemeinsame Sache gemacht hat. Sie haben in ihrem Wagen, wohl auf der Suche nach der Regimentskasse, alles zerfetzt und ihr ein Bußgeld aufgezwungen. Deshalb will sich Mutter Courage beim Rittmeister beschweren. Ein Schreiber versucht sie zunächst vergeblich von diesem Vorhaben abzuhalten. Ein zorniger junger Soldat tritt auf. Der Rittmeister, dessen Pferd er vor dem Ertrinken gerettet hat, hat ihm eine Belohnung verweigert. Mutter Courage beschwichtigt ihn mit ihrem „Lied von der großen Kapitulation“. Während sie singt, besinnt sie sich darauf, dass es mitunter klüger ist, sich nicht zu beschweren.

## 5. Szene

Zwei weitere Jahre ist Mutter Courage mit ihrer Tochter durch halb Europa gezogen.

1631: Die Katholischen haben unter Tilly bei Magdeburg gesiegt. Mutter Courages Wagen steht vor einem zerstörten Dorf. Der Feldprediger hat in einem Anwesen Verletzte gefunden, doch Mutter Courage ist das Verbandsmaterial ausgegangen; sie weigert sich, die teuren Offiziershemden zu opfern. Kattrin, entsetzt über die Gefühllosigkeit ihrer Mutter, bedroht diese mit einem Holzscheit. Der Feldprediger setzt sich über das Gezeter der Courage hinweg, ergreift vier Hemden und reißt sie in Streifen. Unter Lebensgefahr rettet Kattrin einen Säugling aus einem brennenden Haus. Ihre Mutter beschimpft einen Soldaten, der eine Flasche Schnaps stehlen will, und entreißt ihm einen Pelzmantel.

## 6. Szene

Ein Jahr später arbeitet Mutter Courage in einem Marketenderzelt vor Ingolstadt. Während sie mit ihrer Tochter ihre Waren inventarisiert und Branntwein ausschenkt, macht sie sich Sorgen:

Der Feldhauptmann Tilly ist gefallen und wird eben beerdigt. Ein möglicher Frieden könnte das Ende ihrer Geschäfte bedeuten. Doch wird sie vom Feldprediger beruhigt. Seiner Meinung nach hört der Krieg nie auf. Kattrin reagiert verstört auf diese Aussichten, denn ihre Mutter hat ihr nach dem Krieg einen Mann versprochen. Zur Ablenkung schickt sie ihre Tochter in die Stadt, um Waren einzukaufen. Während Kattrins Abwesenheit versucht der Feldprediger sich Anna Fierling anzubiedern, doch sie lehnt den Antrag ab. In diesen ungewissen Zeiten sei kein Raum für private Angelegenheiten. Man müsse realistisch bleiben.

Kattrin ist zurückgekehrt. Sie wurde bei einem Überfall verwundet und verunstaltet. Ihre Mutter tröstet sie und überreicht ihr die roten Schuhe Yvettes. Sie weiß, dass eine entstellende Narbe bleiben und Kattrin keinen Mann finden wird. Deshalb verflucht sie den Krieg.

## 7. Szene

Mutter Courage ist in ihrem Element. Die Geschäfte laufen gut. Sie hat zu ihrer alten Einstellung gefunden und sieht den Krieg positiv: Er bildet die Grundlage ihrer wirtschaftlichen Existenz.

## 8. Szene

In den Kriegszeiten ist die Not allenthalben groß. Eine alte Frau und ihr Sohn wollen der Courage ihre letzten Habseligkeiten verkaufen. Beide schöpfen Hoffnung, als Glockengeläut den Tod des Schwedenkönigs Gustav Adolf und damit den Frieden verkündet. Die Meinung der Courage ist geteilt. Sie ist zwar für den Frieden, doch weiß sie auch, dass er ihren wirtschaftlichen Ruin bedeuten kann. Der Koch erscheint. Er gerät mit dem Feldprediger in Streit, der bereits sein geistliches Gewand angezogen hat, und rät der Courage ihre Waren rasch zu verkaufen, bevor deren Wert in Friedenszeiten verfällt.

Yvette Pottier tritt vornehm gekleidet auf. Die Anwesenden erfahren, dass sie das Erbe des verstorbenen Obristen Starhemberg angetreten hat. Im Koch erkennt sie ihren früheren Geliebten, stellt seine Schandtaten bloß und warnt die Courage vor seinen Machenschaften. Die beiden Frauen begeben sich in die Stadt, um Mutter Courages Waren noch günstig an den Mann zu bringen. Während ihrer Abwesenheit wird Eilif von bewaffneten Landsknechten zur Hinrichtung geführt. Er hat einen Bauernhof überfallen. Wofür er in Kriegszeiten geehrt worden wäre, wird er im Frieden bestraft. Nach Eilifs Festnahme kommt die Courage zurück. Sie hat ihre Waren noch nicht verkauft, denn seit drei Tagen ist wieder Krieg. Mit Kattrin und dem Koch, von dem sie nichts über Eilifs Schicksal erfährt, zieht sie weiter.

## 9. Szene

Der Krieg fordert immer mehr Opfer. Weite Landstriche sind verödet, viele Städte niedergebrannt. Im Winter 1634 befinden sich die Courage, Kattrin und der Koch als Bettler vor einem halbzerstörten Pfarrhaus im Fichtelgebirge. Der Koch, dessen Mutter in Utrecht verstorben ist, möchte dorthin zurückkehren und ihr Wirtshaus weiterführen. Er schlägt der Courage vor, mit ihm zu gehen. Obwohl sie weiß, dass keine großen Geschäfte mehr zu machen sind und sie am Angebot interessiert ist, lehnt sie es doch ab, weil der Koch die Mitnahme Kattrins verweigert. Diese hat das Gespräch gehört und möchte durch eine Flucht der Mutter die Entscheidung erleichtern, doch diese kann sie zurückhalten. Beide ziehen, den Koch zurücklassend, weiter.

## 10. Szene

Auch 1635 folgen Mutter und Tochter mit ihrem Planwagen den Soldaten. Aus einem Haus hören sie ein Lied. Es preist diejenigen, die in kalter Zeit ein schützendes Dach über dem Kopf haben.

## 11. Szene

Im Januar des folgenden Jahres stehen die kaiserlichen Truppen vor Halle. Die Courage ist in die Stadt gegangen, um günstige Waren zu besorgen. Kattrin befindet sich mit dem Planwagen vor einem Bauernhaus. Unter Androhung, sein Vieh zu töten, zwingen einige Soldaten den jungen Bauern, ihnen den Weg nach Halle zu zeigen. Kattrin hat zugehört. Sie klettert auf das Strohdach des Bauernhauses und versucht mit einer Trommel, die Stadtbewohner auf die Angreifer aufmerksam zu machen. Sie lässt sich von ihrem Vorhaben nicht abbringen. Die Soldaten töten sie mit einem Schuss. Doch die Warnung Kattrins ist gehört worden: Von der Stadt tönen Glockengeläut und Geschützlärm.

## 12. Szene

Kattrin hat mit ihrem Leben die Stadt gerettet. Der Angriff ist misslungen und die Truppen ziehen ab. Mutter Courage ist aus der Stadt zurückgekehrt und singt ihrer toten Tochter ein Schlaflied. Die Bauern wollen sich um ein angemessenes Begräbnis für Kattrin kümmern. Mutter Courage spannt sich vor den Wagen und zieht den zerlumpten Truppen nach. Sie hofft, Eilif zu finden und im weiteren Kriegsverlauf passable Geschäfte zu machen.

Ingeborg Wolff als Mutter Courage. Schauspielhaus Wuppertal 2008. Regie: Robin Telfer

# Textanalyse und Interpretation

## 1 Aufbau

Entsprechend der Absicht Brechts ist das Werk nicht im Sinne des strengen aristotelisch-klassischen Dramas aufgebaut. Vielmehr besteht es aus **zwölf locker aneinandergefügten Szenen von unterschiedlicher Länge**. Diese besitzen zwar ein hohes Maß an Eigenständigkeit, sind aber dennoch durch formale und inhaltliche Elemente miteinander **verknüpft**:

- die Figuren, vor allem die zentrale Figur der Mutter Courage,
- die Motive des Krieges und des Wagens,
- die Szenentitel und die der Handlung vorangestellten knappen Inhaltsangaben,
- die einmontierten Lieder,
- den Rhythmus von spannungsvoller und spannungsarmer Szenerie,
- die dialektischen Korrespondenzen, z. B. das Feilschen der Courage um den Hahn und ihren Sohn Schweizerkas, sowie
- die unterschiedlichen Bewertungen von Eilifs Überfällen.

Die erste Szene bietet zwar **keinen eindeutigen Anfang**, denn die Handlung setzt mitten im Kriegsverlauf ein. Sie besitzt aber **Expositionscharakter**, indem sie in die Situation des Krieges einführt, bereits den ambivalenten Charakter der Courage als Mutter und Geschäftsfrau zeigt und über die Herkunft ihrer Kinder informiert. Die beiden Söhne ziehen einen **Planwagen**. Dieser findet sich, je nach Situation unterschiedlich mit Waren beladen, als **Leitmotiv** im gesamten Stück. Am Anfang ist der Wagen gut bestückt, am Ende ist er leer und wird von der Courage selbst gezogen (vgl. *Modellbuch*, S. 17 f., 74).

Die siebte Szene zeigt Mutter Courage zwar „auf der Höhe ihrer geschäftlichen Laufbahn“ (S. 75), doch bereits in der folgenden ist ihr wirtschaftlicher Wohlstand gefährdet, sodass man nicht von einer einheitlichen Entwicklung sprechen kann, vielmehr kommt das vom Krieg beeinflusste Auf und Ab des Lebens zum Ausdruck. Die zwölf Szenen greifen scheinbar zufällig Ereignisse aus zwölf Kriegsjahren heraus, worauf die unterschiedlichen Längen der dazwischen liegenden Zeitintervalle zu deuten scheinen.

Völlig willkürlich sind die Inhalte der Szenen jedoch nicht. Es handelt sich um **entscheidende Episoden** aus dem Leben der Kinder. Der Krieg enthüllt zugleich deren Tugenden und das in ihnen liegende tödliche Verhängnis. Jedes Kind zieht in der ersten Szene ein schwarzes Kreuz als Todesprophezeiung. Obwohl Mutter Courage die Zettel manipuliert hat, bewahrheitet sich schließlich die Vorhersage auf bittere Weise und verknüpft so den Anfang des Stücks mit den zentralen Szenen und dem Schluss, als Kattrin, das letzte der Kinder, stirbt.

Mutter Courage bleibt am Leben. So endet das Stück mit einem **offenen Schluss**, der Krieg ist noch nicht zu Ende. Einsam zieht die Courage auf bessere Geschäfte hoffend den zerlumpten Soldaten nach. Laut Brechts Anmerkungen zur Aufführung 1949 bewegt sich die Courage mit ihrem Wagen **im Kreis** (vgl. *Modellbuch*, S. 77) – ein Hinweis, dass die Handlung nicht abgeschlossen ist und das Leben weitergeht. Im Mittelpunkt aller Handlungen und alles Geschehens steht der Krieg.

Während die Gesamtstruktur des Dramas keinen geradlinigen Handlungs- und Geschehensverlauf aufweist, zeigen verschiedene **Einzelszenen** durchaus eine zielstrebig ausgerichtete Komposition mit Spannungssteigerung und Verzögerung. Besonders deutlich wird dies in der dritten (Tod des Schweizerkas; s. *Interpretationshilfe,* S. 89), der achten (Verlust des Eilif) und der elften Szene (Tod Kattrins; s. *Interpretationshilfe,* S. 94).

## 2 Orte und Zeiten des Geschehens

Der **zeitliche Rahmen** erstreckt sich vom Frühjahr 1624 bis Januar 1636. Die einzelnen Szenen sind nicht gleichmäßig über diesen Zeitraum verteilt. Die erste Szene spielt 1624, die zweite vermutlich 1626, die Szenen 3 und 4 spielen 1629, die Szenen 6, 7 und 8 im Jahr 1632, die Szenen 11 und 12 trennen nur wenige Stunden im Januar 1636; zwischen den Szenen 5 und 6 sowie 9, 10 und 11 liegt jeweils ein Jahr; zwischen 1 und 2, 4 und 5, 8 und 9 beträgt der zeitliche Abstand zwei Jahre und zwischen 2 und 3 drei Jahre. Die Handlung beginnt sechs Jahre nach Kriegsbeginn. Als sich die Courage am Ende des zwölften Bildes wieder aufmacht, wird der Krieg noch zwölf Jahre dauern.

Die Courage zieht mit dem Krieg. Es gibt **keinen Ort, an dem sie sich länger aufhält**. 1624, zu Beginn des Stücks, befindet sie sich in Dalarne, einer Landschaft in Mittelschweden. In den folgenden beiden Jahren hält sie sich bei schwedischen Truppen in Polen auf. Genannt wird die Festung Wallhof, südöstlich von Riga. In den nächsten Jahren „durchquert der kleine Wagen der Courage Polen, Mähren, Bayern, Italien und wieder Bayern" (S. 61), er rollt nach Norden vor Magdeburg (1631), dann wieder nach Süden vor Ingolstadt (1632). Im Spätherbst 1634 ist sie im Fichtelgebirge. 1635 folgt sie den Truppen durch Mitteldeutschland. Im Januar 1636 stirbt ihre Tochter vor Halle. Dann zieht die Courage weiter.

Helene Weigel als Mutter Courage. Inszenierung am Berliner Ensemble 1956

# 3 Hauptfiguren

## Figurenkonzeption – Mutter Courage

Anna Fierling, die Mutter von drei Kindern, ist Marketenderin. Während des Dreißigjährigen Krieges folgt sie mit ihrem Planwagen den Soldaten. Sie ist als „**die Courage**" überall bekannt (vgl. S. 45). Nach diesem **Namen** befragt, gibt sie dem Feldwebel zur Antwort:

> *Courage heiß ich, weil ich den Ruin gefürchtet hab, Feldwebel, und bin durch das Geschützfeuer von Riga gefahrn mit fünfzig Brotlaib im Wagen. Sie waren schon angeschimmelt, es war höchste Zeit, ich hab keine Wahl gehabt.* (S. 9)

„Courage" ist hier nicht im Sinne einer Tugend zu verstehen, mit der man aus einer ethischen Gesinnung heraus Gefahren, Ängste und Schmerzen überwindet, vielmehr zeigt sich Anna Fierling aus Furcht vor einem finanziellen Verlust couragiert. Nicht idealistische Motive bewegen sie, sondern realistische. Es ist der unerbittliche Zwang der Kriegssituation, dem sie sich ausgesetzt sieht und dem man sich im harten Einsatz stellen muss, wenn man überleben will. Für freie Entscheidungen bleibt hier wenig Spielraum. Als der Feldprediger in der sechsten Szene Anna Fierlings beherzte Lebensweise und Geschäftstüchtigkeit bewundert, betont sie die **existenzielle Notwendigkeit einer couragierten Haltung**. Diese sei vor allem dort gefordert, wo es wie bei den Armen keinen Ausweg, keine Hoffnung gebe. Wer die Sinnlosigkeit des Lebens leidend erfahren müsse, dem werde die Tapferkeit zum heroischen Akt, der auch in einer aussichtslosen Situation sinnstiftend wirken könne:

> *Die armen Leut brauchen Courage. Warum, sie sind verloren. Schon daß sie aufstehn in der Früh, dazu gehört was in ihrer Lag. Oder daß sie einen Acker umpflügen, und im Krieg! Schon daß sie Kinder in die Welt setzen, zeigt, daß sie Courage haben,*

*denn sie haben keine Aussicht. Sie müssen einander den Henker machen und sich gegenseitig abschlachten, wenn sie einander da ins Gesicht schaun wolln, das braucht wohl Courage. Daß sie einen Kaiser und einen Papst dulden, das beweist eine unheimliche Courage, denn die kosten ihnen das Leben.* (S. 69)

Aus dieser **negativen Weltsicht** heraus hinterfragt Fierling die als Tugenden bezeichneten ethischen Antriebskräfte des Menschen. Sie glaubt, dass dort, wo es „große Tugenden gibt, […] etwas faul ist“ (S. 25). Diese entstünden aus der Unfähigkeit der Machthaber, deren Versagen Soldaten und Volk in lebensbedrohliche Situationen führe. Dann bedürfe es „Todesmut“, physische Kraft, Klugheit und „besondere Treue“, um überleben zu können: „Lauter Tugenden, die ein ordentliches Land und ein guter König und Feldhauptmann nicht brauchen“ (S. 25 f.). In den Augen der Courage ist die Tugend damit der lebensnotwendige Zwang, die Fehler der „Großkopfigen“ (S. 36, 40) zu korrigieren. „In einem guten Land brauchts keine Tugenden“ (S. 26).

Fierlings überraschende **Logik verfremdet und verkehrt** gängige Vorstellungen ins Gegenteil. Dadurch motiviert sie den Zuschauer und fordert sein Urteilsvermögen heraus. Da in den wirren Kriegszeiten die Geschäfte oft schwierig und gefährlich sind und das Leben von dramatischen Niederlagen nicht verschont bleibt, bedarf es eines ganzen Bündels von sich teils widersprechenden, moralisch einwandfreien wie anzweifelbaren Eigenschaften, die erst in ihrer Gesamtheit das Wesen der Courage bestimmen.

Nur mit einem **starken Selbstbewusstsein** kann man sich im brutalen Kriegsgeschehen und in einer rauen Männerwelt behaupten. Vom Feldwebel nach einem Berechtigungsschein gefragt, antwortet sie, ganz von sich überzeugt und sogar ein wenig provozierend: „Meine Lizenz beim Zweiten Regiment ist mein anständiges Gesicht, und wenn Sie es nicht lesen können, kann ich nicht helfen.“ (S. 10)

**Wortgewandt** und **schlagfertig** hält sie die Soldaten auf Distanz. Als sie der Feldwebel nach ihren Papieren anherrscht, lässt sie sich Zeit und stöbert in ihren Utensilien, um schließlich festzustellen: „Das sind alle meine Papiere, Feldwebel. Da ist ein ganzes Meßbuch dabei, aus Altötting, zum Einschlagen von Gurken [...]" (S. 10). Dem Werber, der in ihrem Verhalten einen „unbotmäßigen Geist" zu erkennen glaubt und betont, man brauche im Lager „Zucht", erwidert sie gewagt, weil ironisch korrigierend, indes doch **geistig beweglich**: „Ich dacht Würst." (S. 10) Gerade im Krieg, wo aufgrund überraschend wechselnder Gegebenheiten eine starre Einstellung und ein enger Blickwinkel gefährlich und tödlich sein können, gehören wache Aufmerksamkeit und gedankliche Flexibilität zur Überlebensstrategie.

Eine wichtige Voraussetzung für schnelle geistige Reaktionen ist die Fähigkeit, den Ereignissen mit **klarem Verstand** zu begegnen. Als sie den Feldprediger auffordert, „ein bissel Kleinholz" zu hacken, und dieser sich mit einem Hinweis auf seinen Beruf herausreden will: „Ich bin eigentlich Seelsorger und nicht Holzhacker.", erwidert sie unbeirrt: „Ich hab aber keine Seel. Dagegen brauch ich Brennholz." (S. 69) Bald werden die Absichten des Feldpredigers klar: „Courage, ich hab mir oft gedacht, ob Sie mit Ihrem nüchternen Reden nicht nur eine warmherzige Natur verbergen. Auch Sie sind ein Mensch und brauchen Wärme." Sie weicht aus: „Wir kriegen das Zelt am besten warm, wenn wir genug Brennholz haben." und bemerkt, dass sie sich „keinen Kopf für Privatgeschichten" erlaube (S. 71 f.). Große Gefühle lenken ab, beeinträchtigen die Aufmerksamkeit und stellen damit ein Gefährdungspotenzial in diesen schwierigen Zeiten dar. Eine **realistische Sichtweise**, ein „bissel Weitblick und keine Unvorsichtigkeit" (S. 31) sichern das Leben und bilden die Basis für gute Geschäfte. Die **planende Voraussicht** beginnt schon bei so einfachen Dingen wie einer Unterhose, die in kalten Tagen von großem Nutzen sein kann (vgl. S. 30).

Zur realistischen Einschätzung der Welt gehört die **Kritik an einer verbogenen Sicht der Geschichte**. Große abstrakte Ideen sind ihr suspekt. Die Courage weist den Feldprediger zurecht, der bei Tillys Begräbnis von einem „historische[n] Augenblick" spricht, und korrigiert: „Mir ist ein historischer Augenblick, daß sie meiner Tochter übers Aug geschlagen haben." (S. 74) Es sind die **kleinen, alltäglichen Dinge**, das Naheliegende, das einen unmittelbar Berührende, das für die Courage von Bedeutung ist, weil es wesentlich Leben und Existenz bestimmt.

In Verkehrung des Sprichworts vertritt sie die Meinung, man solle „sein Licht […] unter den Scheffel stellen" (S. 38). Sie nimmt sich zurück, weiß, dass Aufbegehren die Geschäfte stören kann (S. 58). **Unauffälligkeit** sei der beste Schutz. Deshalb ist es ihr recht, wenn die Leute über Kattrin sagen: „den Krüppel sieht man gar nicht", denn: „Solang passiert ihr nix." (S. 42) Dazu gehören auch eine einfache Kleidung (vgl. S. 37) und in bedrohlichen Situationen ein schmutziges Aussehen (vgl. S. 38). Ungehalten reagiert sie, als sie Kattrin mit dem auffälligen Hut und den roten Schuhen Yvettes ertappt (S. 37 f.). Züge von Wachsamkeit, Argwohn und Furcht vor Risiken bestimmen ihre Einstellung. Gegenüber Eilif wird sie sogar handgreiflich, weil er sich zu einer tollkühnen Aktion hat hinreißen lassen (S. 28) und durch diese Heldentat aus der schützenden Anonymität herausgetreten ist.

Empfindlich reagiert die **Mutter**, wenn es um ihre Kinder geht. Sie weiß, wie gefährlich der Krieg ist, und versucht ihre Söhne vor einer Anwerbung zu schützen. Doch vergeblich macht sie falsche Angaben (S. 14), sie will Eilif mit der Waffe verteidigen (S. 15) und mit Todeslosen tricksen (S. 16–18). Schweizerkas weist sie zurecht: „deine Gewissenhaftigkeit macht mir fast Angst. Ich hab dir beigebracht, du sollst redlich sein, […], aber es muß seine Grenzen haben." (S. 41) Kattrin wird gewarnt: „Nie fang mir was an mit Soldatenvolk." (S. 33) Stumm sein (S. 33), still sein (S. 17), unauffällig sein (S. 42), sei die rechte Haltung.

In besonderer Weise spürt der Zuschauer die menschlich-mütterliche Ader bei ihrer Reaktion auf das verlockende Angebot des Kochs. Er bietet Anna Fierling, die des Herumziehens müde geworden ist, an, mit ihm im friedlichen Utrecht sesshaft zu werden. Zunächst ist sie nicht abgeneigt. Doch als der Koch die Bedingung stellt, Kattrin zurückzulassen, verzichtet die Fierling auf ihre Chance und lehnt den Vorschlag ab: „Ich brauch nix zu überlegen. Ich laß sie nicht hier." (S. 96)

Die Mutter sorgt sich um ihre Kinder. Dies aktiviert ihren Geschäftssinn. In dieser **Dialektik zwischen Mutter und Geschäftsfrau** entwickelt sich ihr tragisches Schicksal. Denn gerade ihr Geschäftssinn motiviert ihre Gier. Diese aber verblendet sie derart, dass sie in der vermeintlichen Erfüllung ihrer mütterlichen Aufgabe ihre Familie zerstört und sich selbst ruiniert. Die Aussicht auf Gewinn trübt ihren sonst scharfen Blick und über dem Geschäft verpasst sie nicht nur die Anwerbung Eilifs (S. 18), sondern auch ein letztes Zusammentreffen vor seiner Hinrichtung (S. 85 f.). Weil sie zu lange um die Lösegeldsumme feilscht, muss Schweizerkas sterben (S. 51 f.). Und auch beim Tod Kattrins ist sie in Geschäften unterwegs (S. 99, 107).

Ihr merkantil ausgerichtetes Wesen, verbunden mit ihrer Fähigkeit, Situationsänderungen rasch zu erfassen und mögliche Vorteile sogleich zu nutzen, kommt eindringlich in der zweiten Szene zum Ausdruck. Nachdem sie sich vom Feldkoch einen mageren Hahn von „sechzig Hellerchen" (S. 20) auf vierzig hat herunterhandeln lassen müssen, wendet sich das Blatt. Der Feldhauptmann erscheint mit Eilif, den er wegen seiner bravourösen Tat zum Essen einlädt und den Koch so unter Zugzwang setzt. Sofort erkennt die Courage ihre Chance, sie schüchtert den Koch ein und erhöht dreist den Preis auf mehr als das Doppelte: „Laß dir gut raten, nimm jetzt auf der Stell den Kapaun, er kost einen Gulden." (S. 22) In diesem Augenblick stimmen Geschäftsfrau und Mutter überein, beide Charakterzüge scheinen zusammen-

„Fünfzig Heller für einen riesigen Kapaun bei Belagerung!" (S. 20)
Klaus Engeroffs Inszenierung am Ohnsorg-Theater Hamburg 2004

zufallen, was sie anscheinend so befriedigt, dass sie ironisierend auftrumpft: „Für meinen Ältesten [...] ist mir nix zu teuer." (S. 23)

Alles, was das Geschäft fördert, ist legitim. Mutter Courages realistische Sichtweise überspitzt sich zu einer **opportunistischen Haltung**. Wenn es in den Zeiten der Unsicherheit und des Krieges notwendig erscheint, weiß sie sich anzupassen. Im Feld der schwedischen Protestanten spricht sie von Gustav Adolf als dem „Heldenkönig", glaubt ihn unbesiegbar und hebt auf eine abgewandelte Kriegslosung „Hie gut evangelisch allewege"[13] ihr Glas (S. 36). Als jedoch kaiserliche Truppen das Lager stürmen, zieht sie die Regimentsfahne herunter (S. 29) und will sich später eine katholische besorgen (S. 41). Den Kaiserlichen macht sie vor, dass sie gegen den „Antichrist", also die „Schweden" (S. 40) eingestellt ist. Sie schert sich nichts um Religion und Ideologie. Wichtig ist ihr, dass sie Handel treiben darf: „Ein Händler wird nicht nach dem Glauben gefragt, sondern nach dem Preis. Und evangelische Hosen halten auch warm." (S. 41)

Brecht zeichnet Anna Fierling als einen von den Zeitverhältnissen geprägten Menschen. Das harte unmenschliche Kriegsleben hat ihren Selbsterhaltungstrieb gesteigert und egoistische Verhaltensweisen aktiviert, die in ihrem Geiz und ihrer **Profitgier** erkennbar werden. Der Krieg ist ihr keineswegs verdammenswert, vielmehr eine Möglichkeit, Geschäfte zu machen und so ihre Habsucht zu befriedigen: „Es ist nicht alle Tag Krieg, ich muß mich tummeln." (S. 15) Deshalb nennt sie auch der Feldprediger eine „Hyäne des Schlachtfelds" (S. 82). Er wirft ihr vor: „Sie wollen keinen Frieden, sondern Krieg, weil Sie Gewinne machen [...]" (S. 82). Die Courage aber lässt sich den Krieg „nicht madig machen. Es heißt, er vertilgt die Schwachen, aber die sind auch hin im Frieden. Nur, der Krieg nährt seine Leut besser." (S. 75) Dabei ist es ihr gleichgültig, was der Krieg anderen Menschen an Elend und Leid bringt. In ihrer kapitalistischen Habgier fehlen ihr Verständnis und Mitgefühl; **teilnahmslos** und abweisend nimmt sie die Not der Mitmenschen zur Kenntnis.

Wie sehr sie Geiz und Gier verblenden, zeigt Brecht in der fünften Szene: Der Feldprediger bittet um Leinen, um verwundete Bauern verbinden zu können. Es sind nur noch Offiziershemden übrig, die zerrissen werden müssten. Mutter Courage: „Ich gib nix, ich mag nicht, ich muß an mich selber denken." (S. 62) In der sechsten Szene berichtet sie über den Tod Tillys und macht dabei Inventur. Wer sich so verhält, der kennt **keine moralischen Grundsätze**, er ist skrupellos und korrumpierbar. **Bestechlichkeit** ist in ihren Augen wie „beim lieben Gott die Barmherzigkeit" (S. 51).

Die Befriedigung der Gier gelingt nicht. So muss sie mit den Soldaten weiterziehen. Einmal, im früh eingefallenen Winter und in großer Armut, möchte sie fast dem Angebot des Kochs folgen, doch die Sorge um ihre Tochter lässt diese Entscheidung nicht zu. Später, als Bauern die Sesshaftigkeit in einem Lied preisen, unterbricht sie ihren Weg nur kurz. Nichts kann sie in ihrer

**Ruhelosigkeit** aufhalten (10. Szene). Sie merkt nicht, dass Krieg und Geschäft ihr nicht das erhoffte Glück gebracht haben, sondern im Gegenteil: neben finanziellen Einbußen auch den Tod der Kinder. Während sie nichts lernt, soll der Zuschauer seine Lehren aus dem Schicksal eines von kapitalistischer Gier besessenen Menschen ziehen.

**Dialektik zwischen Mutter und Geschäftsfrau**

Mutterliebe → aktiviert → Geschäftssinn
↓
zerstört Familie ← verblendet ← entfacht Raffgier

## Eilif

Mutter Courage schätzt an ihrem ältesten Sohn vor allem **zwei Eigenschaften: Intelligenz** (S. 12) **und Kühnheit** (S. 24). Sie weiß aus eigener Erfahrung, dass in den chaotischen Kriegszeiten kluges Verhalten einer Lebensversicherung gleichkommt, aber auch, dass Eilifs Draufgängertum ein gefährliches Risiko darstellt (S. 17). Eindringlich redet sie ihm deshalb ins Gewissen: „Klug ist, wenn du bei deiner Mutter bleibst." (S. 18)

**Klugheit** bedeutet für sie, nüchtern die Lage einzuschätzen, das heißt, sich weder bedenkenlos seinem ungestümen Naturell hinzugeben noch sich von anderen vereinnahmen zu lassen. Sie kennt seinen Hang zu Raufereien und verbietet ihm eindringlich, sich mit dem Werber zu prügeln (S. 12 f.). Wenn die anderen ihn verspotten, soll er ihnen mit **Lachen** begegnen (S. 16). Lachen soll als Abwehrmechanismus gegen Angriffe und Versuchungen eingesetzt werden. Es relativiert die Kraft des Gegners, indem es seine Offensive ins Komische verzerrt, dem Verteidiger aber Möglichkeit zur Distanzierung und damit Zeit zum Entwickeln neuer Strategien gewährt. Lachen macht ihn also für den Augenblick resistent und souverän.

Doch die Aufforderung zur Zurückhaltung und Besonnenheit kann Eilifs draufgängerisches Temperament nicht zügeln. Er gibt vor, keinen Krieg zu fürchten (S. 14), und möchte Soldat werden (S. 15). Auch die düstere Prophezeiung seiner Mutter kann ihn nicht schrecken. So **zieht** er **mit den Soldaten**, die für einen Augenblick die Aufmerksamkeit seiner Mutter ablenken konnten. **Zunächst hat er Erfolg**. Er beteiligt sich beim Bauernschinden und besorgt durch eine verwegene und zugleich schlaue Aktion der Truppe Nahrungsnachschub. Schon fast besiegt, ist es ihm gelungen, die ihn bedrängenden Bauern durch ein Lachen zu irritieren und sich so gewitzt aus der Schlinge zu ziehen. Lachen fungiert hier als Waffe, die den Gegnern in einer hochmütigen Geste Stärke und Furchtlosigkeit signalisiert und zu täuschen vermag. Eilif kann den Überraschungsmoment für sich ausnutzen und das Blatt wenden. In gewisser Weise hat er damit den Rat seiner Mutter befolgt. Diese ist freilich mit seinem risikoreichen Handeln keineswegs einverstanden und *„gibt ihm eine Ohrfeige"* (S. 28). Auch im „Lied vom Weib und dem Soldaten" lacht der Soldat. Hier weist das Lachen auf jugendlichen Leichtsinn, mit dem alle gut gemeinten Warnungen in den Wind geschlagen werden (S. 26).

In Eilifs ungestümer Art drücken sich nicht nur Abenteuerlust und jugendliche Unbekümmertheit aus, aus ihr sprechen auch mangelnde Erfahrung und **fehlendes Einsichtsvermögen**. In einer sich fortwährend verändernden Welt mit rasch wechselnden Werten und Normen kann eine unbewegliche Sichtweise tödlich enden. Eilif begreift nicht, weshalb die gleiche Tat unterschiedlich bewertet wird, sie einmal Ruhm einbringt, ein andermal den Tod, und Klugheit sowohl das Leben sichern als auch vernichten kann (S. 87). Ebenso wenig versteht er, dass seine Handlungsfreiheit nur auf Illusion beruht und er in Wirklichkeit lediglich ein Werkzeug in den Händen der „Großkopfigen" (S. 36) ist.

## Schweizerkas

Auch Fejos wird nach Aussage seiner Mutter von **zwei Grundeigenschaften** bestimmt: Er ist **redlich** und **einfältig** (S. 16, 23, 30). Seine Mutter kann ihn zwar nicht dem Soldatendienst entziehen, doch gibt sie sich zufrieden, als er Zahlmeister wird, denn diese Aufgabe hält ihn vom Kampfgeschehen fern (S. 27). Allerdings spürt sie, dass durch ein überzogenes Pflichtbewusstsein seine rechtschaffene Art zum Problem werden kann: „[D]eine Gewissenhaftigkeit macht mir fast Angst. Ich hab dir beigebracht, du sollst redlich sein, denn klug bist du nicht, aber es muß seine Grenzen haben." (S. 41) Sie hält diese Einstellung für töricht und versucht ihren Sohn auf seine gefährliche Lage hinzuweisen: Ein anständiger Mensch dürfe den Blick für die Realitäten nicht verlieren. In großer Gefahr sei die Sorge ums Überleben wichtiger als moralische Integrität. Dummheit ist für sie ein Mangel an Einsichtsfähigkeit. Es gelte vielmehr, das Gegebene realistisch zu erfassen, daraus die richtigen Schlüsse zu ziehen, sein Verhalten darauf abzustimmen und – falls notwendig – anzupassen. In seiner Fantasie verklärt Schweizerkas jedoch die Wirklichkeit und malt sich eine Wunschszene aus: „Der Herr Feldwebel wird Augen machen. Du hast mich angenehm enttäuscht, Schweizerkas, wird er sagen, ich vertrau dir die Kass an, und du bringst sie zurück." (S. 42 f.) Selbst als er erkannt ist, bleibt er in einem sturen Trotz unbeweglich. Verzweifelt fleht ihn die Mutter an: „Red doch, du dummer Hund, der Herr Feldwebel gibt dir eine Gelegenheit." (S. 45) Doch Schweizerkas gibt nicht nach, er wird abgeführt und nimmt den Tod auf sich.

## Kattrin

Kattrin ist **Opfer des Krieges**. Durch seine Einwirkung hat sie als Kind ihre Stimme verloren (vgl. S. 74). Der Krieg raubt ihr die Brüder und entfremdet sie von ihrer Mutter. Bei einer Vergewaltigung wird sie im Gesicht so verunstaltet, dass mit der verbleibenden Narbe ihre Hoffnung auf einen Mann schwindet (S. 73). Schließlich verliert sie sogar ihr Leben.

Eine Folge der grausamen Ereignisse ist Kattrins wachsende **soziale Vereinzelung**. Diese äußert sich bereits in ihrer Unfähigkeit, sich verbal mitzuteilen. Sie vermag lediglich *„rauhe Laute"* (S. 18), *„kleine Laute"* (S. 43), *„Gurgellaute"* (S. 62) und *„jämmerliche Laute"* (S. 105) auszustoßen. Verzweifelt setzt sie Gebärden und Mimik ein, doch ihre **Kommunikationsversuche missglücken**, weil die Signale ihrer Körpersprache und die ausgestoßenen unartikulierten Laute als tierisch abgetan und nicht verstanden werden. Zu ihrer sprachlichen Isolation kommt eine

„Was machst du für Faxen? […] Ich versteh dich nicht […] Ich möcht wissen, was du meinst. Du meinsts sicher gut, armes Tier, kannst dich nicht ausdrücken. […] Freilich meinst dus gut. Wenn du reden könntest." (S. 43)

Schweizerkas und Kattrin in Thomas Langhoffs Inszenierung am Residenztheater München 2004 kreatürliche Abwertung. Schweizerkas bezeichnet sie als „armes Tier“ (S. 43) und die Mutter vergleicht ihre Sprachversuche gar mit dem Jaulen eines Hundes, vor dem man sich grausen kann (S. 44), selbst die Bäuerin nennt sie ein „armes Tier“ (S. 101). Es ist unschwer erkennbar, dass die Sprachbarrieren zwischen Kattrin und ihrer Umgebung nicht aufgrund der mangelnden Artikulationsfähigkeit des Mädchens bestehen, sondern aufgrund der unterschiedlichen Interessen und Erwartungen von Mitteilendem und Empfangendem. Kattrins humane Beweggründe können in einer von Habgier und Eigennutz geprägten brutalen Kriegswelt nicht begriffen werden. Vergeblich bemüht sich Kattrin, ihre Mutter auf Eilifs Anwerbung aufmerksam zu machen. Doch diese hat nur ihr Geschäft mit dem Feldwebel im Kopf (S. 18). Als Kattrin versucht, Schweizerkas vor dem einäugigen Spitzel zu warnen und ihn vor einer riskanten Handlung zu bewahren, vermag er ihre Gesten nicht zu deuten (S. 43, siehe auch Abbildung links).

Kattrin beobachtet die **Lagerhure Yvette**. Sie setzt sich deren Hut auf, zieht deren rote Stöckelschuhe an und imitiert deren Gang (S. 34 f.). Vordergründig könnte man in Kattrins Verhalten den Wunsch nach einem leichteren Leben erkennen. Brecht kommentiert: „Die stumme Kattrin hat das Vorbild der Yvette vor Augen. Sie selbst muß schwer arbeiten, die Lagerhure trinkt und faulenzt. Auch für Kattrin würde die einzige Form der Liebe, die ihr im Krieg geboten wird, die Prostitution sein.“ (*Modellbuch*, S. 37) Diese Befürchtung hegt ebenso die Mutter: Yvette „richt sich zugrund fürs Geld, das versteh ich. Aber du möchtest es umsonst, zum Vergnügen. Ich hab dirs gesagt, du mußt warten, bis Frieden ist. Nur keinen Soldaten! Wart du auf den Frieden mit der Hoffart.“ (S. 42) Sie glaubt, dass Kattrin in Yvettes Kleidungsstücken den Katholischen zum Opfer fallen könnte. Um sie zu schützen, streicht sie Asche über Kattrins Gesicht (S. 38).

Es wäre jedoch zu kurz gegriffen, in Kattrins Nachahmung von Yvette nur Geltungsdrang und billiges Amüsement zu sehen.

Sicher ist es auch der Wunsch nach menschlicher Zuwendung und Durchbrechung der durch ihre Stummheit geprägten sozialen Isolation.

Dabei **nimmt** sie **das Geschehen intensiv, sensibel und mit emotionaler Anteilnahme wahr**. Belustigt verfolgt sie die Geschichte ihrer Mutter über sich und ihre Brüder (S. 11). Sie erschrickt vor den Katholischen, die ihren Bruder suchen, und ist verzweifelt, als dieser ihre Gesten nicht versteht. Wütend geht sie mit einem Holzbrett auf ihre Mutter los, als diese ihr Leinen nicht herausgeben will (S. 62). Mit intuitiver Kraft spürt sie den bevorstehenden Tod ihres Bruders Schweizerkas: Ohne ersichtlichen Grund springt sie plötzlich vom Messerputzen auf und läuft weinend hinter den Wagen (S. 52). Sie hofft auf einen Mann und resigniert nach ihrer Verletzung (S. 68, 79). Fortwährend verfolgt sie das grausame Kriegsgeschehen. Besonders nach Schlachten hört ihre Mutter sie im Schlaf stöhnen. Mitunter verspürt sie den **Drang wegzulaufen** (S. 68, 52), sich zu verstecken und zu verkriechen (S. 73, 88), wobei der Wagen ihr eine kümmerliche Geborgenheit gewährt.

Doch Fluchtbedürfnisse und Schutzsuche treten in den Schatten, wenn es **anderen zu helfen** gilt. So will sie Eilif vor dem Kriegsdienst bewahren (S. 18). Verzweifelt versucht sie Schweizerkas zu warnen (S. 43). Als der Koch ihrer Mutter die Möglichkeit einer Sesshaftwerdung eröffnet, freilich ohne Kattrin, packt diese ihr Bündel und möchte durch ihr Verschwinden der Mutter die Entscheidung erleichtern (S. 96). Ihr Mitgefühl beschränkt sich nicht nur auf die eigene Familie. Sie bedrängt ihre Mutter, den verletzten Bauern mit Verbandsmaterial zu helfen, und stürzt ins brennende Haus, um einen Säugling zu retten (S. 61–63). Schließlich opfert sie ihr Leben für die Stadt Halle (S. 102–105).

Mutter Courage weiß: Kattrin hat „ein gutes Herz“ (S. 17). Nachdrücklich beschwört sie ihre Tochter, „nicht zu gutmütig“ zu sein, sich stets „recht still“ zu verhalten und unauffällig zu bleiben (S. 18). Sie „leidet am Mitleid" (S. 90), bemerkt ihre Mutter zum Koch; Schweizerkas wird von ihr aufgefordert, auf seine Schwester Acht zu geben, denn sie habe es „nötig" (S. 42). Während die Anteilnahme am Leid anderer in den Augen der Courage ein Zeichen von Schwäche ist, erfolgt sie bei ihrer Tochter aus wachsender innerer Kraft. Über die Jahre hinweg lässt sich bei Kattrin eine **positive Entwicklung** erkennen. Je stärker sie persönlich unter den Kriegseinwirkungen zu leiden hat, desto mehr wird sie **vom Leid anderer ergriffen**. Wo notwendige **mütterliche Zuwendung** bei Mutter Courage durch Geschäftssinn und Profitgier überlagert und verfremdet wird, findet man bei Kattrin menschliche Wärme und vor allem eine starke **Gefühlsbindung zu Kindern**. Sie „ist so ein Kindernarr" (S. 74), charakterisiert sie ihre Mutter. Und Kattrin beweist dies, indem sie unter Lebensgefahr den Säugling aus dem brennenden Haus rettet und ihm ein Wiegenlied singt (S. 63). Als später die Bauern für die vier im bedrohten Halle weilenden Kinder ihres Schwagers beten, entschließt sich Kattrin zum Handeln (S. 102). In dieser **Selbstlosigkeit**, die auch den Tod nicht scheut, liegt ihre innere Größe. Diese stumme, gedemütigte und geschundene Kreatur ist die Einzige, die Mitgefühl mit den Opfern von Egoismus und Habgier besitzt. In den Zeiten des Grauens hält ihre humane Gesinnung den Glauben an den Menschen aufrecht.

| Mutter Courage | Kattrin |
|---|---|
| beredt | stumm |
| opportunistisch | Widerstand leistend |
| als Geschäftsfrau auf Profit bedacht, habgierig, eigennützig | von mütterlicher Art; sich für andere (auf)opfernd, selbstlos |
| den Frieden fürchtend | den Frieden erhoffend |
| verändert sich trotz Schicksalsschlägen nicht; bewegt sich im Kreis | lässt Entwicklung erkennen: mit zunehmendem Leid wächst ihre innere Größe |

## Figurenkonstellation

**Mutter Courage** ist die **dominierende Figur**. Brecht weist ihr zwei Aufgaben zu, die nicht miteinander vereinbar sind: Geschäftsfrau und Mutter. In der ersten Funktion weiß sie sich gegenüber den Soldaten zu behaupten. Sie tritt ihnen selbstbewusst entgegen und spricht ihre raue Sprache. Als Mutter versucht sie ihre Kinder durch die schweren Zeiten des Krieges zu bringen. Doch ihre Raffgier wird diesen letztlich zum tödlichen Verhängnis. Um zu überleben, weiß sie sich anzupassen und mit Schlauheit und Witz aus mancher Bedrängnis zu befreien. Doch ihr Lebensmotto ein „bissel Weitblick und keine Unvorsichtigkeit" (S. 31) geht letztlich nicht auf. Ihre Söhne verlassen sie und ihr Geiz bringt sogar ihre Tochter gegen sie auf.

**Eilif** fürchtet den Krieg nicht. Im Gegenteil, selbstbewusst glaubt er sich als Mann und als Held beweisen zu können; der Krieg verspricht Gewinn, Abenteuer, vielleicht sogar Lebenssinn. So zieht es ihn zu den Soldaten. Sein anfängliches Glück scheint für ihn zu sprechen. Doch so schlau und fintenreich er sich gegen die Bauern behauptet, so unbedacht reagiert er bei seiner letzten Tat. Offenbar hat ihn sein Erfolg verblendet und seine Gewitztheit gelähmt. Er übersieht die durch den Frieden geänderte Situation. Dies hat in unsicheren Zeiten den Tod zur Folge.

**Schweizerkas** unterliegt in seiner Einfalt den geschickten Werbern. Wegen seiner Redlichkeit wird ihm die Regimentskasse anvertraut. Doch in einer rücksichtslosen, nur auf den eigenen Vorteil bedachten Welt, in der opportunistisch Einstellungen gewechselt werden und Tugenden nicht mehr zählen, weil sie unbeweglich machen und so den Feinden Ziele bieten, ist er von vorneherein verloren.

**Kattrin**, vom Krieg bereits gezeichnet, wendet sich den Hilflosen und Bedürftigen zu, als Einzige ersehnt sie den Frieden. Sie bildet eine **Kontrastfigur** zu den Soldaten und zu ihrer Mutter und stellt mit ihrer Haltung eine **Außenseiterin** dar.

Der innere familiäre Kreis wird erweitert durch die Lagerhure, den Koch und den Feldprediger. Diese drei Figuren füllen den Raum zwischen Anna Fierling, ihren Kindern und den Soldaten. Der **Feldprediger** passt sich der jeweiligen Situation an und verleugnet seinen Glauben. Andererseits entlarvt er die Courage und wagt trotz seiner Schwäche, ihr die Wahrheit zu sagen. Die Courage lehnt sein Werben ab. Der **Koch** Pieter Lamb ist auf seinen Vorteil bedacht. Er wirbt um die Courage, der er charakterlich verwandt scheint. Das Schicksal hat **Yvette Pottier** übel mitgespielt. In die Prostitution abgeglitten, hat sie den Willen zum sozialen Aufstieg nie verloren.

Die **Soldaten** fungieren als **namenlose Täter**. Sie bleiben typisiert und unterscheiden sich nur durch militärischen Rang, Berufsbezeichnung, Alter oder äußeres Merkmal: der Feldwebel, der Feldhauptmann, der Werber, der Zeugmeister, der Fähnrich, ein Schreiber, ein junger Soldat, ein älterer Soldat, der mit der Binde. Sie stehen in einer Hierarchiekette und führen die Befehle der Großkopfigen aus. Zu einem längerfristigen Aufbegehren kommt es nicht. In ihnen personifiziert sich der Schrecken des Krieges: Sie verkehren traditionelle Werte und durchstreifen plündernd, brandschatzend, schändend und mordend das Land. Doch der Feldprediger stellt fest: „Ich werf ihnen nix vor. Daheim haben sie nicht geschändet. Schuld sind die, wo Krieg anstiften, sie kehren das Unterste zuoberst in die Menschen." (S. 72)

Ihnen stehen die sesshaften **Bauern** als **namenlose Opfer** gegenüber: ein Bauer, die Bauersfrau, der junge Mann, die alte Frau, ein anderer Bauer, die Bäuerin, ein junger Bauer. Es handelt sich um Figuren, die nicht nur innerhalb ihres jeweiligen Funktionsbereiches (Bauern – Soldaten) austauschbar erscheinen, sondern durch das gemeinsame Attribut des Alters in eine spannungsvolle Nähe rücken: ein junger Soldat – ein junger Bauer. Der Abstand zwischen Tätern und Opfern schwindet zusätzlich durch das ängstliche Verhalten der Bauern in der 11. Szene. Nach

Brechts Auffassung haben es die Menschen selbst in der Hand, durch ihr Handeln eine leidvolle Situation zu beenden. Das Zaudern der Bauern macht sie für ihre Lage mitverantwortlich. Nur der junge Bauer bekennt sich, aufgemuntert vom Trommeln Kattrins, zum Widerstand.

Die kleine Welt der Courage ist mit der großen Welt der Soldaten und Bauern **verflochten**. Mutter Courage will wie die Großkopfigen profitieren, und Eilif nimmt sich den Schwedenkönig zum Vorbild. Aufgrund dieser Abhängigkeit und mangelnden Einsichtsfähigkeit der kleinen Leute, die von Gier und Verblendung bestimmt werden, kann es nicht zu einer Situationsänderung und einer Verminderung des Leids kommen.

Figurenkonstellation

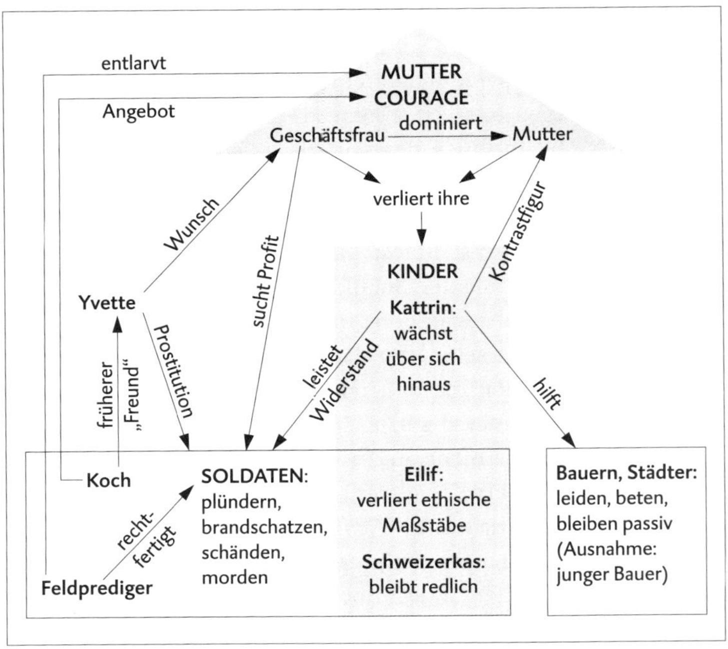

# 4 Form

## Vom aristotelischen zum epischen Theater

Brecht sah als wesentliches Ziel des Theaters die Veränderung der gesellschaftlichen Verhältnisse im marxistischen Sinn. Dazu erschien ihm das herkömmliche „aristotelische" Drama jedoch nicht geeignet. Ihm setzte er sein eigenes episches Theater entgegen.

### Die aristotelische Tragödie

In seiner *Poetik* geht Aristoteles (384–322 v. Chr.) auf die Wirkung der Tragödie ein. Sie löse beim Zuschauer seelische Erregungen aus, denen „Jammer" (griech. *èleos*) und „Schauder" (griech. *phóbos*) als körperliche Reaktionen folgen. Diese Entladung emotionaler Affekte führe zu einer inneren Befreiung, einer Reinigung (griech. *katharsis*), die mit einem guten Gefühl verbunden sei.

Aristoteles' Theorie wurde von den nachfolgenden Dramatikern unterschiedlich interpretiert. Nach Lessing sollen die Zuschauer mit dem Helden **Mitleid** empfinden sowie **Furcht** vor einem ähnlichen Schicksal entwickeln, um dadurch eine **sittliche Läuterung** zu erfahren. Voraussetzung für diese innere Reinigung ist die Einbeziehung des Zuschauers ins dramatische Geschehen. Er soll sich in die Ereignisse der Bühne **einfühlen** und mit dem Helden **identifizieren** können. Sie erzeugen in ihm die **Illusion**, sich unmittelbar in ihrer besonderen Wirklichkeit zu befinden.

Im traditionellen, sich auf Aristoteles berufenden Drama bildet der mit einem hohen Individualitätsgrad und klar erkennbaren Eigenschaften ausgestattete **Held** den Mittelpunkt des dramatischen Geschehens. In **freier Entscheidung** und **aktiv handelnd** gestaltet er seinen Lebensweg. Dabei orientiert er sich an festen, unabänderlichen Werten. Die klassische Dramatik zeigt, dass gerade in der Bereitschaft des Menschen, eine übergeordnete, sinnvolle Gesetzmäßigkeit zu akzeptieren, die Grundlage zu seiner Autonomie liegt, die wiederum die Quelle seines Schicksals ist.

Nach Aristoteles bildet der handelnde Mensch den Mittelpunkt des Dramas. Sein **Handeln** erfolgt seinem individuellen Wesen, seinem einmaligen Charakter gemäß, der sich in der Aktion in ganz spezifischer Weise verwirklicht und entfaltet. Seine Handlungsfreiheit ist selbst dann gegeben, wenn der Held, sein persönliches Schicksal vollziehend, am Ende tragisch scheitert.

Das traditionelle Drama war nur möglich, weil eine **idealistische Vorstellung** von einem **geschlossenen, einheitlichen Weltbild** existierte, dessen **klare Ordnung** auf **absoluten Werten** und damit auf einem **transzendenten Bezug** beruhte. Diesem entsprachen **Thema und Menschenbild** des Dramas: Es besaß eine übergeordnete Idee, einen allgemein gültigen Leitgedanken, in dem eine ewige, dem Menschen unbegreifbare Instanz zum Ausdruck kam. Der Mensch wurde in eine dem Aktuellen enthobene Situation gestellt, in der er diesem „Ewigen" als einer höheren Notwendigkeit folgt und wesentliche grundlegende und vorbildliche Antworten findet.

Diesem Weltbild entspricht weitgehend die **geschlossene Form des Dramas** mit folgenden Merkmalen:

- Beachtung der sogenannten drei Einheiten (*Ort:* keine Schauplatzänderung; *Zeit:* Übereinstimmung von Spielzeit und gespielter Zeit; maximaler Zeitrahmen: 24 Stunden; *Handlung:* Geschlossenheit durch Vermeiden von Episoden und Nebenhandlungen),
- Zielstrebigkeit bei Handlung und Geschehen auf eine eindeutige und dem Zuschauer einsichtige Lösung hin,
- Unselbstständigkeit der Szenen und Akte,
- ausgewogene pyramidale Komposition (Exposition, Steigerung, Peripetie, fallende Handlung, Katastrophe),
- geringe Figurenzahl und
- einheitliche Sprache.

## Die Entwicklung zur offenen Form

Im Zusammenhang mit den großen wirtschaftlichen, gesellschaftlichen und wissenschaftlichen Umbrüchen im Verlauf des 19. Jahrhunderts kam es zum **Aufbrechen des tradierten, festen Weltbildes**. Dieser Prozess war verbunden mit dem Verlust der Transzendenz, der verstärkten Konzentration auf irdische Belange, der Relativierung absolut geglaubter Werte und dem Infragestellen der autonomen, entwicklungsfähigen Person.

Die Veränderung des Weltbildes wirkte sich auch auf den **Bereich des Dramas** aus. Form, Themen und Zielsetzungen veränderten sich. So verlor sich das Interesse an allgemeingültigen, zeitenthobenen Themen. Der Dramatiker wandte sich verstärkt **aktuellen, gesellschaftlichen Problemen** zu. Er sah seinen Helden nicht mehr als einen autonomen, mit einer unsterblichen Seele ausgestatteten Charakter, sondern als eine **durch Anlage und Umwelt fremdbestimmte Figur**.

Im formalen Bereich kam es zu einem Strukturwandel: Die geschlossene Form wurde von der **offenen Form** abgelöst. Diese wird bestimmt durch:

- einen häufigen Orts-, Zeit- und Handlungswechsel,
- eine Abkehr von zielgerichteten Handlungs- und Geschehensabläufen,
- Selbstständigkeit der Szenen, Episoden und Bilder,
- eine locker gefügte Komposition,
- größere Figurenzahl und
- unterschiedliche Sprachebenen.

## Marxistischer Einfluss und Brechts Vorstellungen

Brecht griff diese Entwicklung auf und führte sie konsequent weiter. Als Folie diente ihm die Kapitalismuskritik von **Karl Marx**. Dieser glaubte als Ursache für das soziale Elend seiner Zeit die Ausbeutung der Arbeiter durch die Bourgeoisie erkannt zu haben.

Der Kapitalismus entfremde durch eine nur am Profit orientierte Produktion den Menschen vom Produkt seiner Arbeit wie auch von sich selbst und seiner Umgebung. Die sozialökonomischen Verhältnisse bestimmten den Menschen, dieser sei ein Produkt von Wirtschaft und Gesellschaft. Da aber die gesellschaftlichen Missstände vom Menschen verursacht worden seien, könnten sie auch von ihm behoben werden. Marx fordert zum Handeln auf.

**Brecht** vertrat die Auffassung, dass das Theater zur Humanisierung des Menschen und zur Verbesserung der Gesellschaft beitragen könne. Das geschehe, wenn es soziale Missstände aufgreife und diese den Zuschauer zum Nachdenken über die Gesellschaft und seine Rolle in ihr anregten.

Nach Brecht behindert die emotionale Anteilnahme des **Zuschauers** am Bühnengeschehen im dramatischen Theater dessen Urteilsfähigkeit. Er wird von seinen Empfindungen manipuliert und kann deshalb die konkreten gesellschaftlichen Zustände nicht sachgerecht erkennen. Brecht fordert deshalb **kritische Distanz**. Mit seinem epischen Theater versucht er eine Antwort darauf zu geben, wie eine Illusionierung des Zuschauers verhindert werden und dieser statt mit Einfühlung mit Verstand das Geschehen verfolgen kann.

Um seine Absicht zu erreichen, setzt Brecht eine Reihe von Mitteln ein. Alle haben die **Desillusionierung** des Zuschauers zum Ziel. Die wichtigste Strategie ist die **Verfremdung**. Dabei muss das Bekannte und Alltägliche in einen neuen, ungewohnten Kontext gebracht werden.[14] Der Zuschauer wird neugierig, er beginnt zu reflektieren und zu urteilen, wie man eine missliche Situation humaner gestalten kann.

Brechts Drama stellt keine zeitenthobenen, allgemeingültigen Themen vor, der Held vertritt nicht das geschichtslose „Ewig-Menschliche". Vielmehr wird die Gesellschaft in ihrer historischen Besonderheit, der Mensch als ein sich veränderndes, von den ökonomischen, gesellschaftlichen und politischen Verhältnissen bestimmtes Wesen betrachtet. Diese „**Historisierung**“ will die Geschichte als einen Vorgang zeigen, der vom Menschen und nicht von einem höheren Wesen verursacht wurde und der daher vom Menschen auch verändert werden kann. Damit ist die Möglichkeit einer revolutionären Umgestaltung der Gesellschaft gegeben. Indem Brecht den Zuschauer durch Mittel der Verfremdung desillusioniert, will er erreichen, dass dieser die Welt als veränderbar erkennt und selbst zu einer Veränderung bereit ist.

Brecht unterscheidet

| **traditionelles Theater** | | **episches Theater** |
|---|---|---|
| illusioniert → | Zuschauer | ← desillusioniert |
| behindert → | Urteilsfähigkeit | ← fördert |
| kein Erkennen → | gesellschaftliche Missstände | ← Erkennen |
| unfähig → | Humanisierung der Gesellschaft | ← fähig |

In der **Dramenkomposition** setzt Brecht auf:

- eine offene Struktur mit locker aneinandergereihten Szenen und Bildern,
- den Einbau von Prolog, Epilog,
- die Verwendung von Titularien,
- den Einbau von Songs und (oft veränderten) Zitaten.

Die **Inszenierung** verwendet

- Bilder, Plakate, Schriften und Filme sowie ein
- nüchternes, nicht zur Ablenkung verführendes Bühnenbild.

Die **Darstellung**

- soll nicht identifizierend, sondern demonstrierend wirken.

In der **Sprache**

- wechseln Prosa und Vers;
- verschiedene Sprachebenen entsprechen der Realität.

In den *Anmerkungen zur Oper Aufstieg und Fall der Stadt Mahagonny* hat Brecht selbst die Unterschiede zwischen den beiden Theaterformen übersichtlich festgehalten:

| Dramatische Form des Theaters | Epische Form des Theaters |
|---|---|
| handelnd | erzählend |
| verwickelt den Zuschauer in eine Bühnenaktion | macht den Zuschauer zum Betrachter, aber |
| verbraucht seine Aktivität | weckt seine Aktivität |
| ermöglicht ihm Gefühle | erzwingt von ihm Entscheidungen |
| Erlebnis | Weltbild |
| Der Zuschauer wird in etwas hineinversetzt | er wird gegenübergesetzt |
| Suggestion | Argument |
| Die Empfindungen werden konserviert | werden bis zu Erkenntnissen getrieben |
| Der Zuschauer steht mittendrin | Der Zuschauer steht gegenüber |
| miterlebt | studiert |
| Der Mensch als bekannt vorausgesetzt | Der Mensch ist Gegenstand der Untersuchung |
| Der unveränderliche Mensch | Der veränderliche und verändernde Mensch |
| Spannung auf den Ausgang | Spannung auf den Gang |
| Eine Szene für die andere | Jede Szene für sich |
| Wachstum | Montage |
| Geschehen linear | in Kurven |
| evolutionäre Zwangsläufigkeit | Sprünge |
| Der Mensch als Fixum | Der Mensch als Prozeß |
| Das Denken bestimmt das Sein | Das gesellschaftliche Sein bestimmt das Denken |
| Gefühl | Ratio |

(nach GBA Bd. 24, S. 78 f.)

## „Mutter Courage“ als episches Theater

### Die Chronik

Das Werk ist vor oder während des Ausbruchs des Zweiten Weltkriegs im Exil geschrieben worden. Es ermöglicht(e), den „Geist der eigenen Zeit im verfremdenden Spiegel der Vergangenheit [...] zu betrachten“ (Mennemeier, S. 391).

Brecht nennt sein Werk im Untertitel *Eine Chronik aus dem Dreißigjährigen Krieg*. Der Begriff „Chronik“ kommt Brechts Absicht der **Historisierung** entgegen. Er will geschichtliche Ereignisse realistisch darstellen und dabei auf die Kräfte verweisen, die diese Ereignisse und die betroffenen Menschen beeinflussen.

Im Fall der Courage ist es der **Dreißigjährige Krieg**. Jahreszahlen, historische Ereignisse und die Erwähnung bekannter Persönlichkeiten wie Oxenstjerna, Gustav Adolf und Tilly erwecken den Eindruck von Glaubwürdigkeit und Echtheit. Die Marketenderin will den Krieg, weil er Geschäft bedeutet und Profit verspricht.

> *Die ‚historische‘ Courage verkörpert den Kapitalismus und seine Daseinsgesetze. Sie lebt und handelt so, wie es dem Kapitalismus entspricht: sie macht Geschäfte und will verdienen. Ihr Wesen ist das Wesen des Kapitalismus, ihre Schuld ist kapitalistische Schuld.* (Jendreiek, S. 172)

Für den Schauspieler auf der Bühne bedeutet das:

> *Der Schauspieler muß die Vorgänge als historische Vorgänge spielen. Historische Vorgänge sind einmalige, vorübergehende, mit bestimmten Epochen verbundene Vorgänge. Das Verhalten in ihnen ist nicht ein schlechthin menschliches, unwandelbares, es hat bestimmte Besonderheiten, es hat durch den Gang der Geschichte Überholtes und Überholbares und ist der Kritik vom Standpunkt der jeweilig darauffolgenden Epoche aus unterworfen. Die ständige Entwicklung entfremdet uns das Verhalten der vor uns Geborenen.* (Brecht: *Schriften zum Theater*, S. 113)

## Zeit und Raum

Das Stück sprengt die engen Zeit- und Raumbegrenzungen des geschlossenen Dramas. Die Handlung beginnt im Frühjahr 1624 und endet im Januar 1636. Der zeitliche Umfang von zwölf Jahren zwingt zu Zeitsprüngen. Diese zeitlichen Unterbrechungen zwischen den zwölf Szenen sollen dem Zuschauer die Möglichkeit der allmählichen Einfühlung in das Bühnengeschehen verwehren. Er wird gezwungen, immer wieder neu anzusetzen. Dies geschieht auch durch den fortwährenden Ortswechsel. Knappe epische Szeneneinleitungen dienen zur Überbrückung der übersprungenen Zeiträume.

## Komposition, Inszenierung und Darstellung

Das klassische Drama ist linear aufgebaut. Die Handlung strebt zielgerichtet auf einen Höhepunkt und eine Lösung hin. Dieses Schema durchbricht Brecht mit der **offenen Struktur** seiner „Chronik". In **zwölf locker zusammenmontierten Bildern**, die Episoden aus zwölf Kriegsjahren aufgreifen, will er das Verwobensein von menschlicher Handlung und gesellschaftlichem Zustand demonstrieren.

Die Komposition zielt vor allem auf den Betrachter. Er soll einen kühlen Kopf bewahren, um nachzudenken und zu entscheiden. Dramatische Handlung, die Spannung erzeugen und Illusionen aufbauen könnte, wird deshalb zwischen projizierten Titularien und gesungenen Liedern eingebunden. Diese **Montage von wechselnden epischen, dramatischen und lyrischen Elementen** ist ein entscheidendes Kompositionsmittel, um Einheitlichkeit, Kausalität und Erwartung zu zerstören und so Desillusionierung zu bewirken.

Die einzelnen **Szenen** sind zwar **weitgehend selbstständig** und könnten durch weitere ergänzt werden, doch lassen sie sich nur vor dem Hintergrund des Krieges verstehen.

Die **Inszenierung** geschieht auf einer **Drehbühne**, die gegen die Richtung des Planwagens kreist und so dessen Bewegung vortäuscht. Der **Wagen**, der als **Leitmotiv** fungiert, verweist auf das Schicksal der Courage. Obwohl auf Bewegung und Veränderung angelegt, scheint er paradoxerweise bewegungslos. Am Anfang sieht der Betrachter Mutter Courage und ihren Marketenderwagen. In der Folgezeit verliert sie ihre Kinder. Ihr sozialer Stand sinkt. Am Ende ist ihr Wagen zerlumpt, sie ist verarmt und heruntergekommen und hat aus all den Schicksalsschlägen nichts gelernt. Sie hat sich **im Kreis bewegt**. Das Stück beginnt mit der Todesprophezeiung und dem Verlust Eilifs an den Krieg, es endet mit der Totenklage der Mutter über ihre von den Soldaten getötete Tochter. Krieg, Todesmotiv und Kreisbewegung stellen das Werk in die Nähe eines barocken Totentanzes.

Brecht verlangte ein **nüchternes Bühnenbild**. Es beschränkt sich auf das wesentlich Notwendige und darf keinen Anlass zur Abschweifung bieten. Umbauten werden hinter einer „halbhohen leichten Leinengardine“ erledigt. Auf ihr werden auch „die Szenentitel projiziert“ (*Modellbuch*, S. 17).

Der **Darsteller** sollte sich klar sein, dass seine Aufgabe nicht im Identifizieren mit der Rolle, sondern in der Distanzierung von ihr, im „Neben-der-Rolle-Stehen“ liegt. In seiner Regiearbeit legte Brecht großen Wert auf das **Gestische**. Im *Modellbuch* geht er auf viele Einzelheiten ein, die die verbalen Äußerungen einer Figur bestätigen, zu ihnen im Widerspruch stehen oder aber auch unbekannte Züge ans Licht bringen können. So soll sich das Misstrauen der Courage gegenüber dem Feldwebel nach Brecht in folgender Geste zeigen: „Dem Feldwebel Schnaps holend, nimmt sie ihm die noch unbezahlte Schnalle noch einmal ab, und in die Münze beißt sie hinein.“ (*Modellbuch*, S. 26) In der zweiten Szene reicht der Feldhauptmann Eilif den Weinkrug, „allerdings nicht ohne zuvor festgestellt zu haben, daß nicht mehr viel drin ist“ (*Modellbuch*, S. 30).

## Titularien

Den einzelnen Szenen sind kurze Informationstexte vorangestellt. Es handelt sich um **epische Einschübe**, die skizzenhaft Auskunft über **zwischenzeitliche Ereignisse** geben und so die Auftritte miteinander verklammern. Zudem berichten sie über den **Inhalt der jeweils folgenden Szene**. Indem sie auf das Kommende verweisen, reduzieren sie die Erwartungshaltung des Zuschauers und eine in ihm möglicherweise bereits entstandene Spannung und Illusionsbereitschaft.

Zugleich bieten sie **historische Fakten** an, die den handelnden Figuren unbekannt sind. So wird beispielsweise über den Tod von Gustav Adolf vorweg berichtet. Die Informationen stammen vom epischen Ich, das allein das Gesamtgeschehen überblickt. Seine Hinweise verbinden die einzelnen Ereignisse mit dem Gang des großen Krieges.

Andererseits haben sie die Aufgabe, den **Respekt vor der anonymen Geschichte**, die in Einzelschicksale übergeht, **zu relativieren**. Immer wieder blenden sie das Schicksal von Mutter Courage und ihren Kindern ein, als das Schicksal der kleinen Leute, ohne die es keine große Geschichte gäbe:

> *Zwei Jahre sind vergangen. Der Krieg überzieht immer weitere Gebiete. Auf rastlosen Fahrten durchquert der kleine Wagen der Courage Polen, Mähren, Bayern, Italien und wieder Bayern. 1631 Tillys Sieg bei Magdeburg kostet Mutter Courage vier Offiziershemden.* (S. 61) Oder:
>
> *Januar 1636. Die kaiserlichen Truppen bedrohen die evangelische Stadt Halle. [. . .] Mutter Courage verliert ihre Tochter und zieht allein weiter. Der Krieg ist noch lange nicht zu Ende.* (S. 99)

## Einbau von Liedern

Die lyrischen Einlagen stehen mit der dramatischen Handlung in Verbindung. Sie erwachsen aus ihr, unterbrechen sie aber auch. Diese Einschnitte haben verfremdende Funktion. Sie nehmen den Zuschauer aus der Unmittelbarkeit des Bühnengeschehens. Er erhält Gelegenheit, von diesem abzusehen, sich zu **distanzieren** und statt dessen auf den Inhalt des Liedes zu konzentrieren, das Figurenhandlung und -verhalten kommentierend präzisiert, vertieft, perspektivisch erweitert oder kontrovers behandelt. Sein Blick wird auf neue Aspekte gelenkt, die sein **kritisches Bewusstsein** schärfen und seiner Urteilsfindung hilfreich sind. Die einmontierten Songs geben zusätzlich dem Schauspieler die Möglichkeit, über sein **Spiel** zu **reflektieren.**

Die Musik für die Uraufführung in Zürich 1941 schrieb Paul Burkhard, später (1946, überarbeitet 1948) übernahm Brecht die Vertonung durch Paul Dessau (1894–1979), mit dem er im kalifornischen Santa Monica eng zusammenarbeitete.

## Figuren

Brechts gesellschaftsverändernde Absichten werden in seinen Figuren deutlich. Es handelt sich nicht wie im Idealismus um feste dramatische Charaktere, die handlungsmächtig auftreten, die Wirklichkeit gestalten, als Vorbilder wirken und daher sich als Identifikationsfiguren anbieten.

Brecht konnte solche Vorstellungen nicht akzeptieren, da nach ihnen der Charakter des Helden seine tiefste Motivation von einer höheren Gesetzmäßigkeit empfing. Diese mythisch-religiöse Betrachtungsweise entsprach nach Brecht nicht mehr den Erkenntnissen der modernen Wissenschaft. Der Mensch ist nicht von einer absoluten Idee, einer ewigen Seele her zu definieren, sondern kann nur über seine Verhaltensweisen erfasst werden. Damit verlor der **Charakter** seine feste, an Werte gebundene und damit ordnende Mitte. Er reduzierte sich zu einer **Summe von Handlungen**, die sich als **Reaktionen auf eine widersprüchliche Welt** erweisen.

Für Brecht, der sich auf Marx und Engels beruft, zeigen diese Widersprüche den **Kampf von Klassengegensätzen**. Deutlich spiegeln seine Figuren dieses dialektische Prinzip, dessen gegensätzliche Kräfte spannungsvoll und unvereinbar nebeneinanderstehen. Bei Mutter Courage sind es ihr Muttertrieb und Geschäftssinn, bei Eilif Klugheit und Kühnheit, bei Fejos Redlichkeit und Einfalt. Differenzierter sieht das Bild bei Kattrin aus. Sie bildet eine Kontrastfigur zu ihrer Mutter und wird von ihrer Familie nicht verstanden. Ihre wichtige Botschaft aber erreicht die Bewohner von Halle. Sie wird vom Krieg gedemütigt und opfert doch ihr Leben für andere.

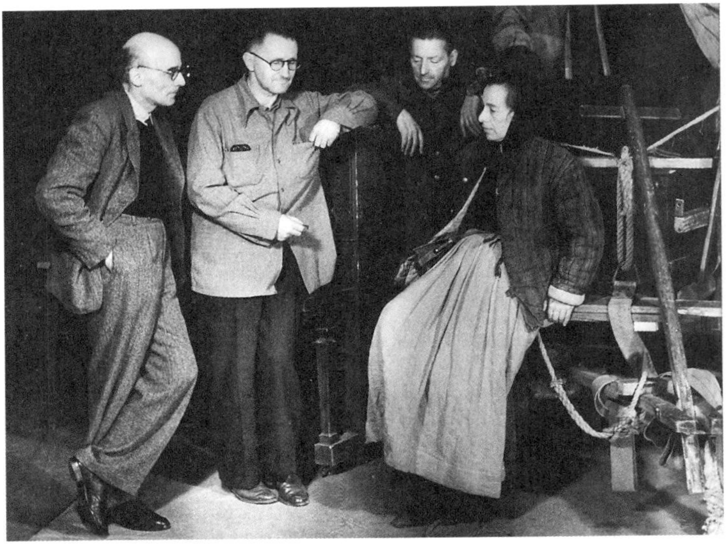

Erich Engel, Bertolt Brecht, Paul Dessau und Helene Weigel bei Proben für die Inszenierung von *Mutter Courage und ihre Kinder* am Deutschen Theater Berlin 1949

# 5 Lyrische Einlagen

Die im Text eingestreuten Lieder entstehen aus dem Geschehen, sie widersprechen ihm oft, kommentieren und unterbrechen es. So erschweren sie eine mögliche Identifikation des Zuschauers mit den Figuren und erleichtern ihm zugleich eine kritische Beurteilung der Handlung. Alle Lieder verweisen auf den Krieg und zeigen dessen Auswirkungen auf den Menschen. Die Verwandtschaft des ersten und letzten Liedes verweist auf die Kreisstruktur des Stücks.

## I. Das „Couragelied" (1. Szene, S. 8 f.)

In einem „Auftritts-" bzw. „Geschäftslied" (*Modellbuch*, S. 18 f.) stellt **Mutter Courage** selbstbewusst ihre Tätigkeit vor. Verblendet von der Aussicht auf Profit wirbt sie für ihre Waren. Der **appellative Charakter des balladesken Songs** ist klar zu erkennen.

Der Text besteht aus zwei Strophen zu jeweils zwölf Versen, wobei die letzten vier Verse jeder Strophe einen Refrain bilden, dem eine retardierende und gliedernde Funktion zukommt. Der durchgängig verwendete Kreuzreim (abab) stützt den flüssigen Rhythmus.

Die erste Strophe beginnt mit einer Anrede und Aufforderung an die Offiziere. Sie sollen ihre Fußtruppe anhalten und aufmerken. Es folgt die Begründung: Mutter Courage ist eingetroffen und bietet gute Schuhe an. Wenn die Soldaten ins Gefecht ziehen, ist ein ordentliches Schuhwerk angebracht. Der Refrain besteht aus kurzen Parataxen, die auf Frühling und Neubeginn hinweisen und in Anlehnung an einen Psalm und protestantische Kirchenlieder[15] zum Aufbruch auffordern.

In der zweiten Strophe, die anaphorisch mit der gleichen Anrede beginnt, preist sie weitere Waren und deren Nutzen: Wurst und Alkohol steigern die Kampfeslust.

## II. „Das Lied vom Weib und dem Soldaten" (2. Szene, S. 26 f.)

Der Text[16] entspricht weitgehend der *Ballade von dem Soldaten,* die Brecht um 1921/22 verfasst und 1927 in der *Hauspostille* (s. d., S. 98 f.) veröffentlicht hat.

Eine Frau versucht einen Soldaten von einer gefährlichen Flussüberquerung abzuhalten. Doch der Soldat fühlt sich mit seiner Waffe stark und schlägt ihren Rat in den Wind. Seine Kameraden unterstützen ihn. Obwohl die Frau unüberlegte Handlungen beklagt und ein schlimmes Ende vorhersagt, lässt sich der Soldat nicht beirren. Seine Freunde hoffen auf eine Wiederkehr und bitten um ein Gebet. Die Frau prophezeit das Ende der Soldaten und deren sinnlosen Einsatz. Tatsächlich verliert der Soldat sein Leben im Fluss, seine Tat bleibt erfolglos. Abschließend wiederholt die Frau ihre Klage und betont, dass derjenige, der klugen Rat ausschlägt, es sehr bedauern werde.

Das Lied erzählt skizzenhaft die Geschichte eines Soldaten, der entgegen allen Warnungen voller Begeisterung in den Krieg zieht und dabei sein Leben verliert. Dramatische Spannung wird erzeugt durch die Opposition der Frau zu den Landsknechten. Erfahrung und Lebensweisheit können die jungen draufgängerischen und unerfahrenen Soldaten nicht zurückhalten. Später müssen sie einsehen, dass der Einsatz ihres Kameraden sinnlos war. Die Frau ist die tragische Figur: das **Bild der schmerzhaften Mutter**, die den Tod ihres Sohnes nicht verhindern kann und der nur mehr der Schmerz und die Klage bleiben über die Vergänglichkeit des Lebens. Diese entspricht dem barocken **Vanitas-Motiv**. So lautet der Schlussvers in Andreas Gryphius' Sonett *Menschliches Elende:* „Was sag ich? Wir vergehn wie Rauch von starken Winden" (vgl. in Eilifs Lied: „Ihr vergeht wie der Rauch", „Ach, wie schnell geht der Rauch", „Er verging wie der Rauch").

**Eilif** begleitet sein Lied mit einem Säbeltanz. Das „Schießgewehr" und „das Spießmesser" sind seine Fetische, um die er tanzt. Erfahrung und Weisheit werden überhört.

### III. „Das Lied vom Fraternisieren" (3. Szene, S. 32)

Der Text entstand 1946 unter dem Titel *Lied der Soldatenhure.* Das Lied mit variierendem Refrain und uneinheitlichem Endreim besteht aus drei Strophen zu je zehn Versen. Der Titelbegriff „Fraternisieren", also „verbrüdern, sich vertraut machen"[17], hält euphemistisch das **traurige Schicksal Yvettes** fest. Sie war siebzehn Jahre alt, als der Feind ins Land kam und die Frauen nach der Andacht vergewaltigte. In Hassliebe stand sie zu einem Koch, der sie jedoch mit den abziehenden Truppen wieder verließ. Das Lied zeigt das **Ausgeliefertsein und die Hoffnungslosigkeit junger Frauen in Kriegszeiten**.

Yvette (Hannelore Schroth) und Kattrin (Ida Krottendorf) in der Fernsehfassung von 1973

## IV. Das „Horenlied“ (3. Szene, S. 46 f.)

Das Horenlied, das der **Feldprediger** nach der Verhaftung des Schweizerkas singt, verknüpft Fejos Schicksal mit dem von Jesus. **Hass und Gier machen vor Treue und Unschuld nicht Halt.**

Das Lied besteht aus zehn Strophen zu je vier kurzen Versen und weitgehend beibehaltenem Endreim. Texthintergrund bildet ein altes klösterliches Stundenlied (lat. *hora:* Stunde), das der Leidensgeschichte Jesu folgt. Brecht benutzte als Vorlage eine Bearbeitung von Michael Weiße.[18]

Der Inhalt folgt den zeitlichen Ereignissen. „In der ersten Tagesstund“: Jesus vor Pilatus (1./2. Strophe), „Umb drei“: Geißelung, Dornenkrönung und Verspottung (3./4. Strophe), „Umb sechs“: Kreuzigung und Zuschauerreaktion (5./6. Strophe), „zur neunden Stund“: Jesu Klage, Tod und auffallende Ereignisse (7./8. Strophe), „zur Vesperzeit“: Schicksal der Schächer, Jesu Seitenstich und Soldatenhohn (9./10. Strophe).

Die Verbindung der Schicksale von Schweizerkas und Jesus lenkt von den Möglichkeiten der Courage ab. Durch ihr Zögern und ihren Geiz wird sie mitschuldig am Tod ihres Sohnes.

## V. „Das Lied von der großen Kapitulation“ (4. Szene, S. 58 f.)

**Mutter Courage** versucht den aufgebrachten Soldaten mit dem Lied von der großen Kapitulation zu beruhigen und verzichtet danach selbst auf ihre Beschwerde. Das 1939 entstandene Lied wurde erstmals 1948 veröffentlicht.

Mutter Courage beurteilt in einer ernüchternden Analyse ihr Leben. In ihrer Jugend glaubte sie sich anderen überlegen, wollte hoch hinaus und trat entsprechend fordernd auf. Doch ihre Umwelt hatte von ihr „kein[en] Gewinn“. Trotzig versuchte sie sich zu behaupten, sie wollte sich nichts vorschreiben lassen und glaubte, ihr Leben nach eigenen Vorstellungen gestalten zu können. Es dauerte kein Jahr, bis ihr die Schwierigkeiten bis zum Hals standen und sie nicht mehr weiter wusste. Das Leben lehrte sie, sich zu arrangieren und ihren Eigensinn zu zügeln.

Schließlich teilt sie dem Soldaten die daraus gezogene Lehre mit: Viele, die von großen Zielen träumten, mussten bald erfahren, wie schwer es ist, schon kleinste Teiletappen zu bestehen. So gilt es sich zu bescheiden.

Das Lied thematisiert die enttäuschende Erfahrung von der **Uneinlösbarkeit des menschlichen Strebens nach individuellem Glück**. Jedes Unterfangen dieser Art wird unweigerlich zur „**Kapitulation**“ und zur **Anpassung** im „Gleichschritt“ führen. Diese Weisheit ist so billig, dass sie, wie im Refrain, selbst die Vögel von den Dächern pfeifen können. Selbst die, die ihr Schicksal in göttlichen Händen glauben, werden ihre Probleme bekommen, da von einer übergeordneten planenden und schützenden Macht „[k]eine Red“ sein kann. Brecht hat die ursprüngliche fromme Redensart ‚Der Mensch denkt, aber Gott lenkt.‘, die auf das biblische Buch der Sprüche zurückgeht (Spr. 16,9), leicht verändert und ihr so einen anderen Sinn gegeben.

Beiseite gesprochene Redensarten und Sprichwörter (in Klammern) spielen auf zwei Lebenserwartungen bzw. -erfahrungen an. Sie stehen für die eigenen Hoffnungen und den Glauben an die eigenen Möglichkeiten: „Alles oder nix, jedenfalls nicht den Nächstbesten, jeder ist seines Glückes Schmied, ich laß mir keine Vorschriften machen!“, „Der Tüchtige schafft es, wo ein Wille ist, ist ein Weg, wir werden den Laden schon schmeißen.“ Doch diese Wünsche erwiesen sich bald als Illusion. Der „Drang nach Höherem“ wurde rasch abgelöst von der Realität, die zur Anpassung zwang: „Man muß sich stelln mit den Leuten, eine Hand wäscht die andre, mit dem Kopf kann man nicht durch die Wand.“ Diese abgegriffenen, phrasenhaften Wendungen **entlarven** einerseits das **Streben nach gesellschaftlichem Aufstieg**, andererseits die **opportunistische Anpassung als unpassende, realitätsferne Verhaltensweisen**. Brechts Ideologiekritik wird spürbar.

## VI. Das „Reiterlied“ (6. Szene, S. 67)

Der Text entstand 1939 und wurde im darauf folgenden Jahr zum ersten Mal veröffentlicht. Er umfasst vier Strophen zu jeweils drei Versen, wobei der zweite in allen Strophen wiederholt wird und eine gleichbleibende Mitte bildet.

Inhaltlich beginnt jede Strophe mit Anrede und Aufforderung an wichtige Bezugspersonen aus dem Umfeld des Reiters, die in Befehlsform gefasst sind: den Gastwirt, die Frau, den Kameraden und den Priester. Alle außer dem Kameraden werden zu raschem Handeln aufgefordert, die viermal wiederholte Formel am Versende „sei g'scheit“ verleiht zusätzlichen Nachdruck. Ihnen werden die Bedürfnisse des **Soldaten** zugeordnet: Schnaps, Brust, Spiel, religiöser Beistand. Im dritten Vers jeder Strophe spricht der Reiter von seinen Aufgaben und Pflichten: seiner Bereitschaft für den Militärdienst (3. Strophe), seinem Einsatz (2.) und seiner Treue zum Kaiser (1.), selbst wenn diese das Leben kostet (4.).

Der Reiter hat keine Zeit zu verweilen. Sein **Leben im Krieg** steht unter dem Zwang permanenter Bewegung, einem **Getriebensein**, das tiefere Auseinandersetzungen ausschließt (vgl. die viermalige Wiederholung des Verbs „müssen“).

## VII. Das Lied vom Krieg (7. Szene, S. 75 f.)

Das Lied besteht aus zwei Strophen zu vier und acht Versen im Kreuzreim. In der ersten Strophe definiert **Mutter Courage** den **Krieg als eine Geschäftsangelegenheit** mit anderen Mitteln als im üblichen Wirtschaftsprozess. Auch hier profitieren die Starken. In der zweiten Strophe stellt sie fest, dass es im Krieg kein Entkommen gibt. Diejenigen, die hektisch nach einem ruhigen Platz zum Niederlassen suchen, werden dort raschen Tod finden.

Der Text verteidigt den Krieg und mit ihm die Starken, die sich den Gegebenheiten stellen. Gleichzeitig verhöhnt er die Schwachen und diejenigen, die ein friedliches Zuhause vorziehen. Der

**Krieg** wird **als ein Instrument der Auslese** gesehen. Es ist eine Anspielung auf die Vorstellung der Nationalsozialisten, die im „Kampf ums Dasein“ eine natürliche Selektion sahen.[19]

## VIII. Das Lied von der mit den Soldaten ziehenden Courage (8. Szene: S. 89)

Das kurze, aus acht Versen und Kreuzreimen bestehende Lied wird von **Mutter Courage** gesungen und schließt thematisch an den im siebten und im ersten Bild vorgetragenen Text an. Zum Krieg gehört das Unterwegssein, wie es auch bei der Courage der Fall ist. Der **Krieg ernährt** zwar, **fordert aber auch Menschenleben**. Ohne diese Opfer geht es mit ihm zu Ende.

## IX. Das „Lied von Salomon, Julius Cäsar und andere große Geister“ (9. Szene: S. 93–96)

Die *Ballade von den Torheiten der Liebe* des französischen Dichters François Villon (1431 bis nach 1463) diente Brecht als Vorlage für seinen Song, in dem er statt der „Liebe“ die „Tugenden“ zum Thema machte. Bereits seine *Dreigroschenoper* enthält im dritten Akt den „Salomo-Song“. Diesem entnahm er die erste und dritte Strophe (über Salomon und Cäsar) und ergänzte sie 1939 um weitere drei Strophen über Sokrates, Martin und die ordentlichen Leute (nähere Angaben in: Langemeyer, S. 46 f.).

Die fünf Strophen werden vom **Koch und Mutter Courage** gemeinsam vorgetragen. Die ersten vier ordnen jeweils einer historischen Person eine Tugend zu, die letzte Strophe spricht von den Vortragenden selbst.

Die lyrischen Einheiten werden durch epische Kommentare des Kochs, „einen leiernden, begrifflich unartikulierten Singsang in Prosa“ (Mennemeier, S. 394), unterbrochen und ergänzt.

Einleitend liefert der Koch eine Begründung für den Gesang. Er behauptet, dass die Tugend berühmten Menschen „nicht genützt“ habe, und verbindet argumentativ deren Schicksal mit ihrem, die auch „ordentliche Leut“ seien und es „drum schwer“ haben, „besonders im Winter“.

In der ersten Strophe wird Salomo die Tugend der Weisheit zugeordnet. Doch diese habe ihm die Unvollkommenheit des Lebens gezeigt und eine Lebenskrise verursacht. Deshalb sei „[b]eneidenswert, wer frei davon“. Es sei besser, ohne Tugenden ein „angenehmes Leben“ zu führen und den Augenblick genießen zu können.

Die zweite Strophe stellt Cäsars Kühnheit in Frage, denn sie habe seine Ermordung nicht verhindern können.

Die dritte greift Sokrates' Redlichkeit auf. Sie habe zu seiner Verurteilung und seinem Tod geführt.

In der vierten Strophe wird die Selbstlosigkeit des heiligen Martin als sinnlos entlarvt. Er spendete einen halben Mantel, darauf erfroren er und der Empfänger.

Die folgende Kommentierung bereitet die fünfte Strophe vor: Tugenden bringen nichts ein. Wer tugendhaft lebt, scheint eine geringere Überlebenschance zu haben. „Schlechtigkeiten“ dagegen könnten eher Erfolg haben. Das zeigt die Wirklichkeit, allerdings: sie „müsst nicht so sein“.

Die letzte Strophe spiegelt die Situation der Vortragenden. Ihre Gottesfurcht habe ihnen „bisher nichts genützt“, sie vielmehr Hunger und Not ausgesetzt.

Das Lied hat mit seiner formelhaften Einfachheit in Sprache und Struktur sowie seinem klagenden Ton Bänkelsangcharakter, der durch die eingefügten Kommentierungen subtil ironisiert und verfremdet wird. Die Darstellung des **Scheiterns menschlicher Tugenden** und damit das generelle Infragestellen menschlichen Strebens vertiefen die Aussage und fordern den Zuschauer, der diese Logik zwar erstaunlich, aber nicht stichhaltig finden mag. Ohnehin misstraut er dem Koch, dessen amoralisches Verhalten ihm durch Yvette und die Abweisung Kattrins bekannt ist.

Spätestens in dieser Szene, in der sich die Courage als sorgende Mutter erweist, wird ihre Komplexität deutlich. Das spannungsvolle Aufeinandertreffen von Tugendkritik und besonders tugendhaftem Verhalten bringt den Zuschauer zum Nachdenken. Er wird darin bestärkt durch die Behauptung „so ist die Welt und müßt nicht so sein“ (S. 95). Er erkennt, dass nicht die Tugenden für die „Schlechtigkeiten“ der Welt verantwortlich sind. Die **Ursachen von Elend und Krieg** erschließen sich ihm, wenn er die **sozialen Bedingungen und Verhältnisse** betrachtet.

## X. Das Lied der Bauern (10. Szene, S. 98)

Das Lied entstand 1939 und wurde 1948 unter dem Titel *Lied von der Bleibe* zum ersten Mal publiziert (Näheres: Langemeyer, S. 50). Es besteht aus zwei Strophen zu je sieben Versen. Die erste Strophe thematisiert das Rosengartenmotiv, das im religiösen Bereich (z. B. in dem Lied *Es ist ein Ros entsprungen*) und in der Volkskunde (Rosengarten als Begräbnis, Kult- und Gerichtsplatz; vgl. *Wörterbuch des Aberglaubens* VII, Sp. 684 f.) mit verschiedenen Variationen vorkommt.

Das Lied **preist das sesshafte Dasein** und steht so im Gegensatz zu der mit ihrem Wagen herumziehenden Courage. Diese lässt sich nicht ablenken und geht stur ihren Weg. Der jeweils sechste Vers erinnert an Nietzsches Gedicht *Vereinsamt,* wo es in der ersten Strophe heißt: „Bald wird es schnein.– / Wohl dem, der jetzt noch – Heimat hat.“

## XI. Mutter Courages Wiegen- und Schlaflied (12. Szene, S. 106)

Brecht übernahm die beiden Eingangsverse leicht verändert einem alten Volkslied, das sich unter dem Titel *Wiegenlied* in der von Achim von Arnim und Clemens Brentano herausgegebenen Volksliedersammlung *Des Knaben Wunderhorn* befindet. Das Lied macht zunächst darauf aufmerksam, dass soziale Ungerechtigkeit bereits in der Wiege sichtbar wird. **Mutter Courages tragische Situation** wird ebenfalls erkennbar: Um ihrem Kind ein angenehmes Leben zu bereiten, macht sie mit dem Krieg Geschäfte, verschuldet aber damit Kattrins Tod, wie die Bauern sogleich feststellen: „Wenns nicht in die Stadt gegangen wärn, Ihren Schnitt machen, wärs vielleicht nicht passiert.“ (S. 107) Die Mutter glaubt ihre Tochter schlafend. Erneut zeigt sich die **Blindheit der Courage**, die jegliche Einsicht verhindert.

## XII. Lied der Soldaten (12. Szene, S. 107 f.)

Das abschließende Lied nimmt mit dem Refrain das Couragelied der ersten Szene wieder auf. Ein Kreis entsteht, der die **Endlosigkeit des Krieges** andeutet. Damit wird der Hinweis auf seine Dauer von hundert Jahren eher ein Beleg für seine Permanenz. Der Glaube an „Wunder“ angesichts der Verelendung ist eine Flucht in die Illusion, nicht aber eine begründete Hoffnung.

Die Auswirkungen des Krieges auf die Menschen im Spiegel der Lieder

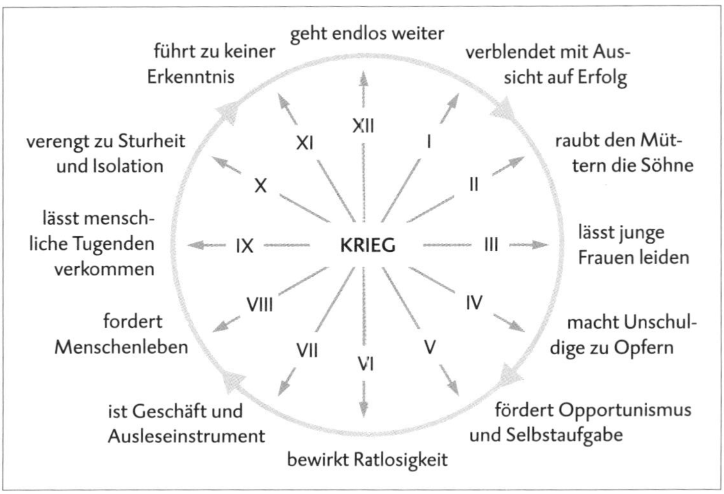

# 6 Sprachliche Form

Die Sprache des frühen Brecht lässt den Einfluss des Expressionismus, dann der neuen Sachlichkeit erkennen. Die Sprachform seiner bedeutenden Werke bildete sich in der zweiten Hälfte der dreißiger Jahre und den vierziger Jahren in der Zeit seines Exils (vgl. Jendreiek, S. 449). Zu ihren tragenden Stützen gehören

- das **bildkräftige und volksnahe Deutsch der Luther-Bibel**,
- das **urkomische Bairisch des Münchner Kabarettisten Karl Valentin** (1882–1948), der mit seinem Wortwitz und satirischen Humor Brecht beeindruckte, sowie
- die **Sprache Schwejks in Jaroslav Hašeks Schelmenroman** *Die Abenteuer des braven Soldaten Schwejk während des Weltkriegs* (1926/27), die mit ihrer Paradoxie und hintersinnigen Einfachheit ebenfalls eine starke Wirkung auf Brecht ausübte.

Brecht wollte Wirklichkeit auch mit der Sprache abbilden. Dies leistete seiner Meinung nach die überkommene Bühnensprache nicht. Er dachte dabei besonders an den **Dialekt**:

> *Es sollte nie vergessen werden, daß unser Bühnendeutsch künstlich ist. Der Text des Schauspielers gewinnt an Realität, wenn er ihn in der Volkssprache, also in heimatlichem Dialekt übt.* (*Modellbuch,* S. 19) Oder: *Das Volk spricht im Dialekt. In seinem Dialekt formt es seinen innersten Ausdruck. Wie sollen unsere Schauspieler das Volk abbilden und zum Volk sprechen, wenn sie nicht auf ihren eigenen Dialekt zurückgehen [...]* (Aus einem Brief an einen Schauspieler. In: *Theaterarbeit,* S. 414)

Mit einer Mischung aus Volkssprache, knapper Sachlichkeit, Einbau verschiedener Sprachebenen, ungewohnten syntaktischen Umstellungen, antithetischen Fügungen, Spott, Ironie, schlauscharfen Formulierungen, dem Wechsel von Prosa und Vers sowie der Aufnahme von – oft veränderten – (Bibel-) Zitaten will Brecht ein **hohes Maß an Realität** erreichen.

Realität aber bedeutet,

- dass der Zuschauer das Bühnengeschehen als Spiel erkennt,
- dass der Schauspieler nicht in seiner Rolle aufgeht, sondern neben ihr steht,
- dass **Sprache** nicht ein Ergebnis eines individuellen Charakters ist, vielmehr **Spiegel gesellschaftsbedingter Handlungen und Verhaltensweisen**.

Damit steht Brechts Sprache im Dienst seiner sozialpolitischen Absichten.

## Sprache als Mundart

Den **bayerisch-süddeutschen** Hintergrund verraten:

- „nix“ (S. 7, 10, 11, 14, 18, 20) für „nichts“,
- die Wendung „weil mir was schwant“ (S. 7) von „schwanen“ („ahnen“),
- das Substantiv „Ranken“ (S. 7) für „ein unförmiges Stück“,
- „Haxen“ (S. 12) für den unteren Teil des Beines vom Tier oder Menschen,
- die zahlreichen Apokopen (Wegfall eines Lautes oder einer Silbe am Ende eines Wortes), z. B. bei: „die Leut“, „Hab ich“, „ich hab“, und Synkopen (Ausfall eines kurzen Vokals im Wortinnern), z. B. bei: „hinstelln“, „gesehn“, „gibts“, „merkts“ (alle Beispiele S. 7),
- die weibliche Form „unsere Schneid“ (S. 58),
- abwertende Schimpfwörter: „Menscher“ (S. 55) mit negativer Konnotation: Huren, liederliche Frauen; „Verrecker“ (S. 41),
- Relativsatzeinleitungen mit der Partikel „wo“: „wo verfressen ist“ (S. 20); „wo nicht beim Heer sind“ (S. 33); „wo für den Glauben geführt wird“ (S. 34); „wo mir das Trinkgeld unterschlagt“ (S. 55); „wo so brüllen“ (S. 56), und
- Kasusverwechslungen, so steht der Akkusativ anstelle des Dativs: „mit die Säbel“ (S. 55).

## Sprache als Geste

Handlung und Sprache können in Opposition stehen. In solchen Fällen **entlarvt die Geste das Gesagte**. Dies geschieht beispielsweise bei Tillys Begräbnis. Während die Courage den Tod des Feldhauptmanns bedauert und die Abwesenheit des Soldaten bei der Beerdigung als Schande kritisiert, macht sie selbst respektlos Inventur (6. Szene). Ihr Verhalten entspricht dem Yvettes bei der Übernahme des Marketenderwagens (3. Szene).

Von entscheidender Bedeutung ist das Gestische bei der stummen **Kattrin**. Mit Gebärden und rauen Lauten versucht sie auf Gefahren aufmerksam zu machen, doch ihre **Gesten-Sprache wird nicht verstanden** und als tierisch abgetan. Das ist der Fall, wo die Angesprochenen in ihren ichbezogenen Zielen gefangen sind, beispielsweise bei der Courage, als der Werber in der ersten Szene Eilif fortzieht, als sie Schweizerkas in der dritten Szene auf seine Gefährdung hinweisen will, und in der fünften Szene, als sie sehr erregt ihre Mutter zur Herausgabe von Leinenhemden zum Verbinden verwundeter Bauern zu bringen versucht.

Am eindringlichsten werden Kattrins Gebärden in der elften Szene. Mit ihrem **Trommeln** versucht sie die schlafenden Bürger von Halle zu warnen. Die Regieanweisung hält ihren verzweifelten Willen durch betonende Wiederholung fest:

> „*Kattrin beginnt, auf dem Dach sitzend, die Trommel zu schlagen [...] Kattrin starrt in die Weite, auf die Stadt, und trommelt weiter [...] Kattrin trommelt weiter [...] Kattrin trommelt weiter [...] Kattrin trommelt stärker [...] Kattrin hat zugehört, dabei leiser geschlagen. Unruhig herumspähend, trommelt sie jetzt weiter [...] Kattrin trommelt weiter [...] Kattrin stößt, verzweifelt nach ihrem Wagen starrend, jämmerliche Laute aus. Sie trommelt aber weiter [...] Kattrin beginnt zu weinen, sie trommelt aber weiter [...] Kattrin trommelt weinend so laut sie kann.*“
> (S. 102–105)

Dieses unbeirrte, sogar den Tod akzeptierende Verhalten erreicht schließlich doch die Stadt. Die Geste wird zur **Verständigungsmöglichkeit**, wo die normale Sprache versagt und der Adressat die Zeichen nicht bewusst ignoriert. Sie zeigt, so Brecht, „daß hier der Hilfloseste bereit ist zu helfen" (*Modellbuch*, S. 49).

## Sprache und Krieg

Der **Krieg** bildet den **Motivmittelpunkt**. Um ihn kreisen die Figuren mit ihrer Sprache. Auf seine Bedeutung weist bereits seine **Personifizierung** hin. Der Werber wirft Mutter Courage, die ihre Söhne vor dem Kriegsdienst bewahren will, vor:

> *So, den Butzen soll dein Krieg fressen, und die Birne soll er ausspucken! Deine Brut soll dir fett werden vom Krieg, und ihm gezinst wird nicht. Er kann schauen, wie er zu seine Sach kommt, wie? Heißt dich Courage, he? Und fürchtest den Krieg, deinen Brotgeber?* (S. 13 f.)

Angela Winkler als Mutter Courage am Deutschen Theater Berlin 2003. Regie: Peter Zadek

Mutter Courage resümiert: „Ich hab nix fürn Krieg übrig, und er hat wenig genug für mich übrig.“ (S. 82) Auf ihre Befürchtung, der Krieg könne „ausgehn“ (S. 66), erwidert der Feldprediger:

> *Es kann natürlich zu einer kleinen Paus kommen. Der Krieg kann sich verschnaufen müssen, ja, er kann sogar sozusagen verunglücken. [...] Und dann kann man den Krieg wieder aus dem Dreck ziehn! Aber die Kaiser und Könige und der Papst wird ihm zu Hilf kommen in seiner Not. So hat er im ganzen nix Ernstliches zu fürchten, und ein langes Leben liegt vor ihm.* (S. 66)

Der Krieg **verroht die Sitten**. Es herrscht Not. Nahrungsbeschaffung ist oft ein Problem, wie in der zweiten Szene deutlich wird. Deshalb dreht sich in Gesprächen vieles um **Essen und Trinken**, das meist mit den **vulgären Ausdrücken** „Fressen“ und „Saufen“ bezeichnet wird: So betont Mutter Courage, dass man nichts „zu fressen“ hat, weil selbst die Feldratten „aufgefressen“ sind, der Feldhauptmann aber „verfressen ist bis dorthinaus“ (S. 20), was auch der Koch bestätigt (S. 25). Der Feldwebel meint, dass im Frieden jeder „frißt, was er will“ (S. 7). Von Fejos’ Vater weiß die Courage, dass er „versoffen“ (S. 11) war. Bei Anwerbungen macht man den Kandidaten am besten „besoffen“ (S. 7). Der Obrist „sauft“ (S. 29) mit seinen Offizieren, die Feinde konnten ins Lager, denn die „Feldwachen sind besoffen gewesen“ (S. 38), der Rittmeister bleibt das Trinkgeld schuldig und „versaufts mit seine Menscher“ (S. 55).

Raue Umgangsformen und Wörter aus dem tierischen Bereich zeigen eine **animalisierte Welt.** Der Feldwebel behauptet, dass im Frieden mit „Mensch und Vieh [...] herumgesaut“ (S. 7) wird. Vor der Losziehung tritt er großspurig mit einem bildhaften Vergleich auf: „Das bedeutet nicht so viel wie ins Gras scheißen. Nur daß ich was zum Lachen hab.“ (S. 14) Doch das bittere Los „versaut“ (S. 18) ihm gleich darauf den Mittag. Eilif will dem Werber „aufs Maul hauen“ (S. 12), der sich zunächst beschwert:

„Er hat mich grob beleidigt und von meinem Mund als einem Maul geredet“ (S. 12), nach der Anwerbung aber darf Eilif ihm „in die Fresse hauen“ (S. 18). Die Mutter herrscht ihren Sohn an, er solle das „Maul“ (S. 15) halten.

**Menschen** werden **mit Pflanzen** („die Burschen sind wie die Birken gewachsen“, S. 12) **und Tieren verglichen**, so Eilif mit einem „Hühnchen“ (S. 12, 16), die Courage will nicht, dass ihr Sohn „zur Schlachtbank“ geführt werde (S. 13), Fejos nennt seine Schwester „armes Tier“ (S. 43) und auch die Bäuerin redet Kattrin so an (S. 101). Entsprechend ordnet ihre Mutter deren Laute einem „Hund“ (S. 44) zu.

**Tieren** hingegen werden **menschliche Eigenschaften zugewiesen**, wie es die Courage tut, als sie den Kapaun anpreist, der nur bei Musik gefressen und rechnen gekonnt habe (S. 21). Auch die Metapher „Komm, geh mit angeln, sagt der Fischer zum Wurm.“ (S. 13) gehört in diese Kategorie.

Bereits in der ersten Szene findet sich eine Reihe von **Schimpfworten**. Auch sie sind Beispiele für die Verrohung in chaotischer Zeit: „Bagage“ (S. 9), „Haderlump“ (S. 12), „Lumpen“, „Vettel“, „Brut“ (S. 13), „Bankert“ (S. 15, 44), „Teufel“ (S. 15).

Eine grundlegende Rolle spielt die **Antithetik**. In dieser Gegensätzlichkeit spiegelt sich das Wesen des Krieges in besonderer Weise. Deshalb ist sie auch ein bevorzugtes Stilmittel der Barockdichtung. Brechts Stück ist reich an Antithesen, die zudem oft Überraschung und Ironie enthalten. So beurteilt der Feldhauptmann Eilifs Überfall auf die Bauern: „Zusammengehauen hast du sie, so ists recht, damit meine braven Leut ein gutes Stückl zwischen die Zähn kriegen.“ (S. 24)

Antithetisch kommen auch die Dialektik der Courage (siehe folgender Abschnitt) und die heuchlerische Art des Feldpredigers zum Ausdruck, den der Feldhauptmann zutreffend als „Pharisäer“ (S. 24) bezeichnet und damit auf die selbstgefälligen

Mitglieder einer altjüdischen streng gesetzesfrommen, religiös-politischen Partei anspielt (siehe S. 34).

Zur Antithetik kann man mitunter auch die **Verfremdung** zählen, die mit Überraschung, Witz, Satire und Parodie arbeitet. Exemplarisch sind die Aussagen des Feldwebels über den Krieg: „erst der Krieg schafft Ordnung", „Ohne Ordnung kein Krieg!" (S. 7, 8). Entsprechend unerwartet formuliert der Koch: „daß es ein Glaubenskrieg ist, das ist klar. Aber er macht auch Durst, das müssen Sie zugeben." (S. 34; vgl. dazu Mutter Courage: S. 10)

In einer Zeit der Unsicherheit, des Leidens und der beständigen Konfrontation mit dem Tod, wie es im Dreißigjährigen Krieg der Fall war, sind **religiöse Themen, Bilder und Anspielungen** häufig: „Freudental" (S. 16) steht in Analogie zu dem Luther-Wort „Jammertal"; „ich schmerzensreiche Gebärerin" (S. 16) ist eine Anspielung auf die Schmerzensmutter Maria, ein im Barock häufiges Motiv; der „Weg des Fleisches" meint nach 1. Mose 6,12 f. den Weg der Vergänglichkeit; selbst die Redewendung „Sie nagen am Hungertuch" (S. 21) kommt aus dem religiösen Bereich und geht auf eine seit dem Mittelalter bekannte Altarverhüllung während der Fastenzeit zurück. „[N]icht in Versuchung führen" (S. 33) verweist auf die letzte Bitte des Vaterunsers (siehe auch S. 101). Ironisch bemüht der Feldhauptmann das Matthäus-Evangelium: „Was du dem geringsten von meinen Brüdern getan hast, hast du mir getan" (S. 24; vgl. Mt. 25,40), auf das auch der Feldprediger spöttisch anspielt: „Selig sind die Friedfertigen, heißts im Krieg." (S. 37; vgl. Mt. 5,9)

## Sprache und Figur: Mutter Courage

Das Leben hat die Courage wachsam und vorsichtig gemacht. Ihre **Sprache enthüllt, korrigiert, weist zurecht, führt in die Realität des Alltags zurück**, meist locker und **mit Wortwitz**, daher eingängig und überzeugend.

Als Geschäftsfrau bedient sie sich einer **bildhaften Sprache**, wie die Metaphern „Lenz des Lebens“ (S. 16), „die Schwarten krachen“ (S. 20), „Leben in Saus und Braus“ (S. 20) und „nagen am Hungertuch“ (S. 21) zeigen. Sie durchschaut die Bereitschaft zur sentimentalen Selbsttäuschung und **korrigiert** sie mit ihrem Sinn für Realität. Der Feldprediger erwähnt die Bestattung Tillys: „Das ist ein historischer Augenblick.“ Darauf antwortet sie: „Mir ist ein historischer Augenblick, daß sie meiner Tochter übers Aug geschlagen haben.“ (S. 74) Ebenso erkennt und **entlarvt** sie die Phrase, aber so, dass ihre Schlagfertigkeit den Gesprächspartner verdutzt und im Zuschauer keine Spannung aufbaut, ihn vielmehr durch die implizierte Komik zur Einsicht führt. Auf die Behauptung des Werbers „Im Lager da brauchen wir Zucht.“ antwortet sie gewitzt: „Ich dacht Würst.“ (S. 10) Entsprechend werden mögliche Gefahrenquellen ausgeschaltet. Den Koch, dessen lockeren Lebenswandel sie kennt und der offenbar ein Auge auf Kattrin geworfen hat, weist sie zurück, indem sie sein Wort „Und wer ist diese einnehmende Person?“ aufnimmt und adversativ klarstellt: „Das ist keine einnehmende, sondern eine anständige Person.“ (S. 34)

In ihrer **Argumentationsstrategie** verwendet sie Wenn-dann-Konstruktionen:

> *Warum? Wenn ein Feldhauptmann oder König recht dumm ist und er führt seine Leut in die Scheißgaß, dann brauchts Todesmut bei den Leuten, auch eine Tugend. Wenn er zu geizig ist und zuwenig Soldaten anwirbt, dann müssen sie lauter Herkulesse sein. Und wenn er ein Schlamper ist und kümmert sich um nix, dann müssen sie klug wie die Schlangen sein, sonst sind sie hin. So brauchts auch die ganz besondere Treue, wenn er ihnen immer zuviel zumutet. Lauter Tugenden, die ein ordentliches Land und ein guter König und Feldhauptmann nicht brauchen. In einem guten Land brauchts keine Tugenden, alle können ganz gewöhnlich sein, mittelgescheit und meinetwegen Feiglinge.* (S. 25 f.)

Mitunter stützt sie ihre Argumente mit **zurechtgebogenen Zitaten**: „Sein Licht muß man unter den Scheffel stellen“ (S. 38).

Zur Überraschung des Zuschauers **wechselt** sie **sprunghaft die Einstellung**. So kritisiert sie heftig den korrupten Zeugmeister: „Ihr verkaufts die Kugeln, ihr Lumpen, und die Mannschaft hat nix zum Schießen vorm Feind.“, und ändert im nächsten Moment aus reiner Profitgier ihre Meinung: „Heeresgut nehm ich nicht. Nicht für den Preis.“ (S. 29)

Bei Gefahr ruft sie um **göttlichen Beistand:** „Jesus, hilf mir“ (S. 37); „Boshe moi“ (S. 38; poln. *Boze moj:* „Mein Gott“); „Marandjosef“ (S. 78), scheut sich aber nicht, kirchliche Gegenstände ironisch abzuwerten: „Da ist ein ganzes Meßbuch dabei, aus Altötting, zum Einschlagen von Gurken“ (S. 10) und **antithetisch Religion und Geschäft zu verbinden:** „Die Bestechlichkeit ist bei die Menschen dasselbe wie beim lieben Gott die Barmherzigkeit.“ (S. 51) Oder: „Ein Händler wird nicht nach dem Glauben gefragt, sondern nach dem Preis.“ (S. 41) Sie ist **Realistin:** „Und evangelische Hosen halten auch warm.“ (S. 41)

Immer wieder wird der Zuhörer mit überraschenden, den Gegensatz betonenden **Verfremdungen** konfrontiert. Als sie den Feldprediger zum Holzhacken verpflichten will und dieser widerwillig betont, dass er Seelsorger und kein Holzhacker sei, antwortet sie: „Ich hab aber keine Seel. Dagegen brauch ich Brennholz.“ (S. 69) Die Polen verwünscht sie mit einer Allusion (Anspielung) auf die Forderung der Juden, Jesus zu kreuzigen („und alles Blut kommt auf ihr Haupt“, S. 35; vgl. „Sein Blut komme über uns und unsere Kinder.“, Mt. 27,25). Ihre Tochter, die sich Yvettes Schuhe angezogen hat, beschimpft sie als „Babylonische“ (S. 38), indem sie auf eine Stelle in der Apokalypse anspielt, wo es heißt: „Babylon, die Große, die Mutter der Huren und der Gräuel der Erde.“ (Apk. 17,5)

# 7 Der Krieg als Hauptmotiv

## Krieg in der Literatur

Seit frühester Zeit hat der Krieg die Autoren motiviert. Bereits die Antike bietet mit Homers *Ilias* und Caesars *Der gallische Krieg* große Beispiele. Der Dreißigjährige Krieg spiegelt sich nicht nur in zeitgenössischen Werken von Grimmelshausen und der Barocklyrik (besonders Gryphius, vgl. *Tränen des Vaterlandes*), sondern auch in späteren Werken (s. o. Schiller, Döblin). Die Befreiungskriege haben Heinrich von Kleist, Ernst Moritz Arndt und Theodor Körner angeregt. In Adalbert Stifters *Witiko* und Leo Tolstois *Krieg und Frieden* kommen bestimmte historische Einstellungen zum Ausdruck. Die expressionistische Literatur thematisiert die Grausamkeiten des Ersten Weltkriegs und ruft zum Pazifismus auf (Georg Heym: *Der Krieg*, August Stamm, Erich Maria Remarque: *Im Westen nichts Neues*). Nahezu unübersehbar und bis in die unmittelbare Gegenwart nachwirkend ist das literarische Echo auf den Zweiten Weltkrieg (z. B. Theodor Plivier, Wolfgang Borchert, Heinrich Böll). Die Friedensbewegung meldete sich mit Chansons und Protestsongs zu Wort (Vietnam-Krieg). Der unter der Regie von Steven Spielberg nach dem gleichnamigen Roman von H. G. Wells produzierte Film *Krieg der Sterne* (2005) wurde ein Kassenschlager. Während man früher den Krieg häufig patriotisch idealisierte, dominiert im 20. Jahrhundert zunehmend die Anti-Kriegsdichtung (mit Ausnahme der NS-Literatur).

## Die Verkehrung der Werte

Bereits in der ersten Szene, am Beginn des Stücks, lässt Brecht die Leistungen des Krieges aus der Sicht des Feldwebels bestimmen. Dialektisch werden dabei Krieg und Frieden in bizarrer Argumentation gegenübergestellt:

*Man merkts, hier ist zu lang kein Krieg gewesen. Wo soll da Moral herkommen, frag ich? Frieden, das ist nur Schlamperei, erst der Krieg schafft Ordnung. Die Menschheit schießt ins Kraut im Frieden. Mit Mensch und Vieh wird herumgesaut, als wärs gar nix. [...] Ich bin in Gegenden gekommen, wo kein Krieg war vielleicht siebzig Jahr, da hatten die Leut überhaupt noch keine Namen, die kannten sich selber nicht. Nur wo Krieg ist, gibts ordentliche Listen und Registraturen, kommt das Schuhzeug in Ballen und das Korn in Säck, wird Mensch und Vieh sauber gezählt und weggebracht, weil man eben weiß: Ohne Ordnung kein Krieg!* (S. 7 f.)

Der Feldwebel behauptet hier, dass der Krieg das menschliche Bedürfnis nach **Ordnung** befriedige. Erst der Krieg mache den Menschen zum Menschen, indem er ihm einen Namen gibt, mittels Zahl und Register zu einem strukturierten, geregelten und überschaubaren (Reih-und-Glied-)Ganzen führt und sogar die Grundlage für Moral schafft.

Die Bemerkung, dass im Frieden mit Mensch und Tier nachlässig umgegangen werde und die Menschheit unkontrolliert „ins Kraut schieß[e]" (s. o.), lässt umgekehrt schlussfolgern, der **Krieg sorge für eine Auslese**. In Mutter Courages Äußerung: „Es heißt, er vertilgt die Schwachen, aber die sind auch hin im Frieden." (S. 75) ist eine menschenverachtende Einstellung nicht zu übersehen. Auf solchem gedanklichen Boden gedeihen negative Vorurteile, von denen es nicht mehr weit ist zur Diskriminierung der Schwachen, zu Rassismus und einer daraus resultierenden Gewalt bis hin zu Pogromen, ethnischen Säuberungen und Völkermord. Im Krieg gebärdet sich der Mensch „schlimmer als die Tier" (S. 72) ruft die Courage beim Hereinstolpern der geschundenen Kattrin. Die Mutter widersetzt sich den Werbern, denn sie weiß, dass ihren Söhnen wie den Tieren die „Schlachtbank" (S. 13) droht.

Brecht verfolgte die menschenfeindlichen Entwicklungen im nationalsozialistischen Deutschland genau. Für den Zuschauer sollen die Worte der Courage eine **Warnung vor autoritären Regimen** sein, in deren Ideologie stets ein inhumanes tödliches Potenzial vorhanden ist. Ein Vergleich mit der Verfolgung, Entrechtung und Ermordung der Juden im nationalsozialistischen Deutschland drängt sich auf, besonders die Pogromnacht vom 9. November 1938, als es zur organisierten Zerstörung jüdischer Geschäfte, Wohnungen und Synagogen kam. Über 26 000 Männer wurden verhaftet, fast hundert Juden verloren ihr Leben. Das totalitäre Ordnungsstreben des Dritten Reiches zielte auf Gleichschaltung und rassische Säuberung. So erweist sich die Formulierung „erst der Krieg schafft Ordnung“ als eine sarkastische Umkehrung der sittlichen Ordnung, die eine individuelle Selbstbestimmung ermöglicht und den Konflikt zwischen personalem Egoismus und notwendigem gesellschaftlichen Zusammenleben zu beheben hilft.

Wird Ordnung jedoch zum Selbstzweck und schränkt sie durch Zwang und Gewalt die individuelle Bewegungsfreiheit zu stark ein, so kann sie zu Konflikten führen, die wiederum kriegerisch ausgetragen werden: „Ohne Ordnung kein Krieg!“ (S. 8) Diese These widerspricht dem natürlichen Menschenverstand. Brecht verfremdet hier, um darauf aufmerksam zu machen, dass der Krieg menschliches Empfinden verändert.

Als Kattrin von Soldaten verwundet und geschändet zurückkehrt, bemerkt der Feldprediger: „Ich werf ihnen nix vor. Daheim haben sie nicht geschändet. Schuld sind die, wo Krieg anstiften, sie kehren das Unterste zuoberst in die Menschen.“ (S. 72) Bereits die Gefühllosigkeit, mit der Eilif von seinem Überfall und dem brutalen Niederhauen der Bauern berichtet, sowie das Lob, das er vom Feldhauptmann für diese Tat erhält, zeigen, dass im Krieg eine **Umwertung ethischer Werte** erfolgt. Scheinbar noch gültige religiöse Maßstäbe werden pervertierend nach Bedarf zurechtgebogen (vgl. den Feldhauptmann: S. 25). Am deutlichsten werden diese Auswirkungen des Krieges im Lied von Salomon. Tugenden wie Weisheit, Kühnheit, Redlichkeit und Selbstlosigkeit erfahren eine Abwertung durch die eindringliche Wiederholung des Refrains „Beneidenswert, wer frei davon!" (S. 93–96). Der Zuschauer erkennt: Der Krieg schafft keine Ordnung, vielmehr erzeugt er Chaos, verkehrt tradierte Werte ins Gegenteil, macht die Welt unmenschlich und dadurch unbewohnbar.

## Die religiöse Rechtfertigung des Krieges

Der Krieg bedarf einer Rechtfertigung. Sie geschieht durch **Ideologisierung**. Indem auf die höchste Instanz verwiesen wird, bleiben Fragen und Kritik ausgeschlossen. Die einfachste und erfolgreichste Möglichkeit, Verwüstung, Raub, Schändung und Totschlag zu verharmlosen, zu verschleiern, sogar zu befürworten, ist die religiöse Begründung des Krieges. Unter dem Vorwand der Religion, welcher Art oder welcher weltanschaulichen Ausrichtung auch immer, mordet man leichter, weil das Gewissen ruhiggestellt ist, und man gibt sein Leben eher hin, weil es als Opfer aufgefasst, der eigene Tod als Märtyrertod verstanden wird, der alle erdenkbaren himmlischen Freuden zur Folge hat.

Über Jahrhunderte hinweg haben die Vertreter verschiedenster Religionen und Konfessionen im Namen göttlicher Mächte Kriege geführt. Viele terroristische Anschläge der Gegenwart sind religiös motiviert (vgl. den sogenannten „Heiligen Krieg"). Der Krieg wird zum „**Glaubenskrieg**" (S. 22, 34) deklariert, den man „aus Gottesfurcht und für alles, was gut und schön is" (S. 36) führt und der „also Gott wohlgefällig" (S. 34) ist. Damit legitimiert der Feldhauptmann den Bauernmord Eilifs lachend als „Heldentat" (S. 22). Hier wird deutlich, wie leicht **religiöse Gebote** zur Rechtfertigung von Schandtaten **zurechtgebogen** werden können. Als Eilif seine Tat mit dem Satz „Not kennt kein Gebot" (S. 24) außer Zweifel stellt, bittet der Feldhauptmann den

Feldprediger um eine Kommentierung. Dieser bietet das folgende gedankliche Konstrukt:

> *Strenggenommen, in der Bibel steht der Satz nicht, aber unser Herr hat aus fünf Broten fünfhundert herzaubern können, da war eben keine Not, und da konnt er auch verlangen, daß man seinen Nächsten liebt, denn man war satt. Heutzutage ist das anders.* (S. 24)

Der Feldhauptmann nennt den Prediger darauf verächtlich einen Heuchler („Pharisäer") und bietet seinerseits eine teuflisch sarkastische Rechtfertigung:

> *Heißts nicht in der Schrift: Was du dem geringsten von meinen Brüdern getan hast, hast du mir getan? Und was hast du ihnen getan? Eine gute Mahlzeit von Ochsenfleisch hast du ihnen verschafft [. . .]* (S. 24)

Der bedenkenlose Umgang mit überkommenen Werten und Normen kann diese nicht nur verdrehen und verkehren (s. o.), sondern sie auch skrupellos missbrauchen. Dies geschieht beim **demagogischen Einsatz der Sprache** bei Leuten wie dem Feldprediger. Sie verfügen über das rhetorische Geschick, mit ihren **Propagandapredigten** die Soldaten so zu manipulieren, dass sie bedenkenlos ihr Leben wegwerfen. Er kann deshalb die Bitte Mutter Courages, Holz zu hacken, selbstbewusst zurückweisen:

> *Ich hab Seelsorgerei studiert. Hier werden meine Gaben und Fähigkeiten mißbraucht zu körperlicher Arbeit. Meine von Gott verliehenen Talente kommen überhaupt nicht zur Geltung. Das ist eine Sünd. Sie haben mich nicht predigen hören. Ich kann ein Regiment nur mit einer Ansprach so in Stimmung versetzen, daß es den Feind wie eine Hammelherd ansieht. Ihr Leben ist ihnen wie ein alter verstunkener Fußlappen, den sie wegwerfen in Gedanken an den Endsieg. Gott hat mir die Gabe der Sprachgewalt verliehen. Ich predig, daß Ihnen Hören und Sehen vergeht.* (S. 71)

Die Aussagen des Feldpredigers lassen den Stellenwert der **Kriegspropaganda** erkennen. Nicht von ungefähr schafft das Wort „Endsieg" einen Bezug zum Begriffsrepertoire der Nationalsozialisten. Als Mutter Courage Bedenken hat, dass nach dem Tod Tillys Frieden einkehren könnte, kann sie der Feldprediger mit einer absonderlichen Logik beruhigen. Dieser vermenschlicht den Krieg, erklärt, dass ihm „Kaiser und Könige und der Papst [...] zu Hilf kommen" (S. 66), falls der Krieg tatsächlich einmal ins Stocken gerate. Er stellt den Krieg als einen Normalzustand dar, denn er „befriedigt nämlich alle Bedürfnis" (S. 67 f.). Sogar zum Vermehren biete der Krieg Möglichkeiten, und mit den Kindern könne dann der Krieg „weiterkommen" (S. 68).

## Das Geschäft der großen und das Leid der kleinen Leute

Die Courage durchschaut die religiöse Rechtfertigung des Krieges, mit der die „Großkopfigen" argumentieren:

> *Wenn man die Großkopfigen reden hört, führens die Krieg nur aus Gottesfurcht und für alles, was gut und schön is. Aber wenn man genauer hinsieht, sinds nicht so blöd, sondern führn die Krieg für Gewinn. Und anders würden die kleinen Leut wie ich auch nicht mitmachen.* (S. 36)

Die „Großkopfigen", also diejenigen, die an den Schalthebeln der Macht sitzen, führen Kriege, um ihre Macht auszudehnen und um **Geschäfte** zu machen. Den kleinen Leuten dienen die Großen als Vorbilder, sie machen mit, denn auch sie wollen am Gewinn teilhaben. Ausdrücklich betont Eilif, dass er in König Gustav Adolf etwas „Lichtes" sehe, ihn möchte er sich „zum Vorbild" nehmen (S. 25). Das Kriegshandwerk „bringt Gewinn und bringt Ruhm" (S. 12), verkündet der Werber. Für zehn Gulden und das Versprechen, dass sich die Weiber um ihn reißen werden (vgl. S. 18), lässt sich Eilif anwerben. Verblendet wie Eilif ziehen die jungen Leute in den Krieg, Warnungen werden in den

Wind geschlagen, wie es das „Lied vom Weib und dem Soldaten“ („ihr vergeht wie Rauch“, S. 27) zum Ausdruck bringt.

Die Herrschenden stehen dem gemeinen Volk und den Soldaten dialektisch gegenüber. In einer Kriegssituation wird dies besonders offenkundig. So schickt der Feldwebel die gemeinen Soldaten in der Schlacht vor; sie müssen für den Kaiser sterben (S. 66), während er sich nach hinten zurückzieht: „Immer halt ich mich dahint. Einen sichereren Platz, als wenn du Feldwebel bist, gibts nicht. Da kannst du die andern vorschicken, daß sie sich Ruhm erwerben.“ (S. 18) Auch der Feldhauptmann reitet zurück, während er die Soldaten auffordert, „todesmutig“ (S. 64) zu kämpfen. Er verweigert den Sold mit der Begründung, in einem Glaubenskrieg müssten die Soldaten umsonst kämpfen, während er gleichzeitig die Kirchen in Schutt und Asche schießen lässt (S. 65). Wo es um **Profit** geht, gibt es weder Ideale noch Redlichkeit. So denkt sich der Zeugmeister nichts dabei, Munition zu verhökern, um für die Offiziere Alkohol kaufen zu können (vgl. S. 29). Die einfachen Soldaten begehren auf, wenn sie sich um ihren Sold oder ihr Trinkgeld betrogen fühlen (vgl. S. 65; 4. Szene).

Die großen Leute wollen die Welt erobern, Ruhm und Unsterblichkeit erwerben (S. 65; vgl. S. 74) und sind der Meinung, sie tun dies für das Volk; doch dieses will nur „ein Krug Bier [...] und ein bissel Gesellschaft, nix Höheres“ (S. 65). Dieses bekümmert sich sogar, wenn der Große seine Ziele nicht erreichen kann (S. 65).

Die Courage durchschaut zwar die „Großkopfigen“, entlarvt ihre Rechtfertigungen als Lügen und erkennt auch das **kommerzielle Wesen des Krieges**. Doch da sie selbst der Gewinnsucht verfallen ist, begrüßt sie den Krieg als eine Möglichkeit zur eigenen Bereicherung. Nach Ansicht der Courage nährt der Krieg seine Leute besser als der Frieden (vgl. S. 73; vgl. auch S. 89). Ihre Sicht ist rein ökonomisch, nicht ethisch:

*Der Krieg ist nix als die Geschäfte*
*Und statt mit Käse ists mit Blei.* (S. 75)

Das Stück aber zeigt, dass sich die kleinen Leute in ihrer Hoffnung auf Gewinn täuschen. Gerade sie leiden am meisten, müssen die größten Opfer bringen. Brecht kommentiert:

> *„Mutter Courage und ihre Kinder" zeigt, daß die kleinen Leute vom Krieg nichts erhoffen können (im Gegensatz zu den Mächtigen). Die kleinen Leute bezahlen die Niederlagen und die Siege.* (*Modellbuch*, S. 9)

**Not und Elend** sind die Auswirkungen des Krieges. Im Titularium zur neunten Szene lässt Brecht auf die Leinwand projizieren:

> *Schon sechzehn Jahre dauert nun der große Glaubenskrieg. Über die Hälfte seiner Bewohner hat Deutschland eingebüßt. Gewaltige Seuchen töten, was die Metzeleien übriggelassen haben. In den ehemals blühenden Landstrichen wütet der Hunger. Wölfe durchstreifen die niedergebrannten Städte.* (S. 90)

Angesichts solch trüber Aussichten scheint sogar die Courage zu resignieren:

> *Wozu pflügen? Es wachst nix mehr, nur Dorngestrüpp. Im Pommerschen solln die Dörfler schon die jüngern Kinder aufgegessen haben, und Nonnen haben sie bei Raubüberfäll erwischt.* (S. 91)

Die innere Müdigkeit der Courage ist freilich nicht auf eine Einsicht in die reale Wirklichkeit des Krieges zurückzuführen, die immer Hunger, Not und Tod bedeutet, sondern auf die fehlenden Geschäfte: „Ich hab nix mehr zu verkaufen, und die Leut haben nix, das Nix zu zahln." (S. 91) Obwohl der Krieg das Leben ihrer Kinder kostet, lernt sie nichts und verharrt verblendet in dem Glauben, der Krieg könne ihr doch noch von Nutzen sein. Einmal, nach Kattrins Schändung, hat sie den Krieg verflucht, doch bald darauf ist sie wieder ihrer alten Gier verfallen. Selbst nach Kattrins Tod zieht sie mit den zerlumpten Soldaten weiter.

Der Zuschauer aber soll erkennen, dass der Krieg vor allem die kleinen Leute trifft, sie in Not und Elend stürzt. Es gelte also, die Politik der Großen kritisch zu beobachten und ihnen und ihren Geschäften nicht blindlings zu folgen. Würde das Volk sich weigern in den Krieg zu ziehen, würde es keine Kriege geben.[20]

## 8 Interpretation von Schlüsselstellen

Der Tod von Schweizerkas am Ende der dritten und der Tod Kattrins in der elften Szene sind wichtige Schlüsselstellen des Werks. Sie zeigen, wie einzelne Teile durchaus einem pyramidalen Aufbau folgen und spannungsvolle Dramatik sich entfalten kann.

Die Courage und Kattrin werden hier in extreme Situationen gestellt. An ihrem gegensätzlichen Verhalten demonstriert Brecht seine Kapitalismuskritik und seine Vorstellung von Humanität.

DER FELDWEBEL: Kennst du ihn? [...] *Mutter Courage schüttelt den Kopf.* Hebt ihn auf. Gebt ihn auf den Schindanger. Er hat keinen, der ihn kennt. *Sie tragen ihn weg.* (S. 53 f.)
Schweizerkas' Tod in Thomas Langhoffs Inszenierung, Residenztheater München 2004

## Schweizerkas' Tod (Ende 3. Szene: S. 47–54)

Der letzte Abschnitt der dritten Szene verdeutlicht in besonders eindringlicher Weise den **Widerspruch** zwischen **Mutter** und **Geschäftsfrau** im Charakter der Courage. Das Menschliche ist hier mit dem Geschäftlichen so verflochten, dass eine klare Trennung, selbst durch die drohende Hinrichtung des Sohnes, nicht durchführbar scheint. Die Struktur des Abschnitts ist geprägt von einem sich dramatisch steigernden **Wechsel** zwischen **bewegter Handlung** und **retardierenden Momenten**.

Katholische Truppen haben die Schweden überfallen. Schweizerkas, der Zahlmeister geworden ist, versucht die Regimentskasse zu retten, doch die Katholiken sind ihm auf der Spur. Ein Feldwebel und ein einäugiger Spion verhören ihn im Lager. Mutter Courage und ihr Sohn geben vor, einander nicht zu kennen. Schweizerkas verrät das Versteck der Geldschatulle zunächst nicht; er wird abgeführt.

Der Aufbau des Abschnitts **beginnt spannungsvoll**. Die Courage *„kommt aufgeregt"* (S. 47) als sich sorgende **Mutter** auf die Bühne. Ihr Sohn ist in absoluter Lebensgefahr: „Es ist auf Leben und Tod.", doch sie beruhigt sich, indem sie sogleich in die Perspektive der **Geschäftsfrau** wechselt und auf die Bestechlichkeit des Gegners setzt: „Es ist nur eine Geldsach." Zugleich hofft sie auf das Interesse Yvette Pottiers an ihrem Marketenderwagen. Mit dem Erlös will sie ihren Sohn freikaufen. Diese mütterliche Regung wird durch die **aufreizenden Fragen des Feldgeistlichen** („Wollen Sie wirklich verkaufen?", „Und wovon wollens leben?" (S. 48) auf ihre eigenen finanziellen Interessen gelenkt. Ihre doppeldeutige Antwort („Das ist es.") gibt einerseits dem Feldgeistlichen Recht, andererseits zeigt sie einen hilfreichen Einfall an, mit dem sie sowohl ihren Sohn als auch ihre Existenz retten möchte. Sie spekuliert auf das Geld der Kriegskasse und beabsichtigt deshalb, ihren Wagen nur zu verpfänden. Für den

Augenblick scheint es, als wären **Mutter und Händlerin in Einklang** gebracht. In ein oder zwei Wochen will sie Yvette das geliehene Geld zurückgeben. Die Auseinandersetzung um Kauf oder Verpfändung fungiert als **handlungsunterbrechendes Element** und **dehnt die Spannung**.

Yvette ist zunächst enttäuscht; da sie aber die Überlegung der Courage nicht kennt, setzt sie fest darauf, dass ihr nach Ablauf der Frist der Wagen gehören werde. Die Positionen scheinen zu wechseln: Die einstige Lagerhure sieht sich bereits als Geschäftsfrau, beginnt mit einer Inventur der Waren und versucht mit dem Hinweis auf die geringe Zahl der Stiefel den Preis zu drücken. Dies stellt ein **weiteres retardierendes Moment** dar.

Die Courage, überzeugt von der Realisierbarkeit ihrer Kalkulation, kann sich ihrer Mutterrolle widmen. Spannung und Handlung werden **beschleunigt**, als die Courage Yvette drängt und beschimpft; sie weiß, dass ihr nur mehr wenig Zeit bleibt. Yvette bricht zu ihrem **ersten Verhandlungsgang** auf.

Der **Feldprediger** hat erneut mit **provozierenden Einwänden** begonnen. Er möchte das Angebot an die Katholiken verringern, sieht er doch auch seine Lebenssicherung in Gefahr. Die Wiederholung seiner Frage, in die er sich selbst durch die erste Person Plural konkret einbezieht, zeigt seine Ichbezogenheit, die er durch den Hinweis auf die „erwerbsunfähige" Kattrin nicht ganz verschleiern kann: „[...] aber wovon wolln wir leben. Sie haben eine erwerbsunfähige Tochter aufm Hals." (S. 50)

Die Courage hat den herausfordernden Charakter seiner Fragen wohl bemerkt. Sie enthüllt ihm ihre Absicht, nicht ohne ihn zurechtzuweisen. Im Ausdruck „Siebengescheiter" mag der Vorwurf mitschwingen, ihren Mutterpflichten misstraut zu haben. Ihr Bild: „Und Sie, stehn Sie auch nicht herum wie Jesus am Ölberg, tummeln Sie sich [...]" (S. 50) ist eine schiefe religiöse Anspielung. Der Ausdruck „wie Ölgötzen herumstehen" bezieht sich möglicherweise auf die schlafenden Jünger am Ölberg.[21]

Der Text enthält verschiedene Hinweise auf das Sterben und die Botschaft Jesu. Den Ereignissen unmittelbar vorausgehend singt der Feldprediger das „Horenlied“, das über Jesu Leiden berichtet. Auch die Verbindung von Bestechlichkeit und Barmherzigkeit, mit der die Courage ihr **kapitalistisches Weltbild** darlegt, zeigt, dass sie wie der Feldprediger (vgl. S. 52) Bibelstellen verdreht, damit sie der Stützung eigener Absichten dienen können:

> *Gott sei Dank sind sie bestechlich. Sie sind doch keine Wölf, sondern Menschen und auf Geld aus. Die Bestechlichkeit ist bei die Menschen dasselbe wie beim lieben Gott die Barmherzigkeit. Bestechlichkeit ist unsre einzige Aussicht.* (S. 51)

Die abwegige Gleichsetzung von Bestechlichkeit und Barmherzigkeit steht für einen säkularisierten, pragmatisch ausgerichteten Glauben, der das Kapital verabsolutiert und Gott auf den Warenverkehr des Marktes reduziert. Dass aber Barmherzigkeit überhaupt nichts mit wirtschaftlichen Möglichkeiten zu tun hat, entzieht sich völlig ihrer Vorstellung. Brecht weist mit diesem Gegensatz auch auf die **Entwürdigung des Menschen** in einer kapitalistischen Gesellschaft hin, der zur Ware verkümmert, die einen bestimmten, in Geld erfassbaren Tauschwert besitzt, und mit dem man wie auf einem Warenmarkt umgeht.

**Yvettes Nachricht**, Schweizerkas habe unter der Folter gestanden, die Schatulle in den Fluss geworfen zu haben, **ändert die Situation völlig**. Mit einem Schlag sieht sich die Courage aus dem Konzept gebracht, ihre Selbstsicherheit ist verflogen. Sie muss überlegen und sich einen neuen Plan zurechtlegen. Zum dritten Mal wird die **Handlung verzögert**. Es gilt das Geschäft günstiger zu gestalten. Offenbar erinnert sie sich der Vorbehalte des Feldpredigers und nennt als Summe für den Freikauf 120 Gulden. Seinen Hinweis auf Kattrin übernimmt sie als eigenes Argument und schickt Yvette, die ihr vergeblich zur vollen Summe von 200 Gulden zurät, erneut zum **Verhandeln**.

Dieses Verhalten wirkt hart und unmenschlich. Die Regieanweisung, die eine *„verzweifelt[e]“* (S. 51) Courage vorsieht, eröffnet die Möglichkeit für einen weiteren Erklärungsansatz. Courages „Ich muß nur einen Augenblick überlegen“ gilt dem kurzen Bedenken einer finanziell ungesicherten Zukunft, vor allem auch Kattrins Zukunft. Es ist das Besinnen auf ein Verhalten, das in den vergangenen Kriegszeiten zum Überleben der Familie beigetragen hat. Doch gerade in solchem Zögern liegt für Brecht ein **Verrat am Humanen**, weil es eine merkantile Überlegung zur Grundlage hat, sinnvolle Handlungen behindert und zur Resignation führen kann. So nimmt die Courage bereits hier etwas von der „Kapitulation“ vorweg, von der sie in der nächsten Szene singen wird. Anders Kattrin: Sie hat das Herunterhandeln der Bestechungssumme verstanden. Sie begreift, dass der Vorgang zu lange dauert und dadurch dem Schweizerkas das Leben kosten wird. Weinend läuft sie hinter den Wagen. An die Sicherung ihrer eigenen Zukunft denkt sie nicht.

Im kurzen Zögern der Courage liegen **Spannungshöhepunkt** und **Handlungswendepunkt** zugleich. Die Handlungsmöglichkeit ist ihr entzogen, die Katastrophe nicht mehr abwendbar.

Als Yvette ergebnislos zurückkehrt, ist die Mutter bereit, die geforderte Summe zu zahlen. Yvette eilt, zornig über den Täuschungsversuch und über die harte Haltung der Courage, **zum dritten Mal** zu den Gegnern. Menschliches und Geschäftliches vermischen sich: Sie will Schweizerkas retten, sich aber auch den Marketenderwagen nicht entgehen lassen. Während die Anwesenden warten, vollzieht sich die **Katastrophe**. Trommeln ertönen und verkünden Urteil und Tod. Die Regiebemerkung *„Es wird dunkel.“* (S. 53) kann eine Anspielung auf die Verfinsterung beim Tod Jesu (vgl. Mt. 27, 45) sein.

Ihr Feilschen um 80 Gulden hat ihrem Sohn das Leben gekostet. Eine Rettung wäre möglich gewesen. Ihren Wagen braucht sie nun nicht mehr zu veräußern.

Yvette kehrt zurück, berichtet von der Hinrichtung, macht der Courage Vorwürfe und warnt sie. Die Soldaten verdächtigen die Courage, mehr über die verschwundene Kasse zu wissen.

Es kommt zu einer **letzten Spannungssteigerung**, als die Soldaten den toten Schweizerkas bringen. Um sich, Kattrin und den Feldprediger zu retten, gibt die Courage vor, ihn nicht zu kennen. Dies geschieht in einer **stummen Geste**. Die dreimalige Verleugnung der Courage (S. 44, 53 f.) lässt an die dreimalige Verleugnung Jesu durch Petrus denken (Mt. 26,69–75).

| Aufbau | Inhalt | Beleg |
|---|---|---|
| spannungsvoller Einstieg | die Courage als Mutter | „Es ist auf Leben und Tod." |
| Beruhigung | die Courage als Händlerin | „[…] nur eine Geldsach" |
| 1. provozierendes Element | Fragen des Feldpredigers | „wovon wollens leben?" |
| 1. retardierendes Moment | die Courage ↔ Yvette; Einigkeit | „verkaufen", „verpfänden" „Quittung" |
| 2. retardierendes Moment | Yvettes Inventur | „ich muß alles durchgehen" |
| Spannungssteigerung | Drängen der Courage, Vorwürfe | „jetzt ist keine Zeit", „Du Hyänenvieh" |
| 2. provozierendes Moment | Fragen des Feldpredigers | „wovon wolln wir leben?" |
| Beruhigung | 1. Gang Yvettes; das kapitalistische Weltbild der Courage | „Bestechlichkeit" – „Barmherzigkeit" |
| Spannungssteigerung | Yvettes Botschaft | „Die Schatull ist futsch." |
| 3. retardierendes Moment | das Zögern der Courage | „nur einen Augenblick" |
| Höhepunkt, Wendepunkt | die Entscheidung | „Ich kanns nicht geben." |
| Beruhigung | die Risikobereitschaft der Courage | „Es wird überall mit Wasser gekocht" |
| Spannungssteigerung | Yvettes Botschaft; Bereitschaft der Courage | „Sie machens nicht.", „ich geb die zweihundert" |
| Katastrophe | Schweizerkas' Tod | *„Trommeln", „Es wird dunkel."* |
| Moment letzter Spannung | Verleugnung des Sohnes | *„schüttelt den Kopf"* |

## Kattrins Heldentat und Tod (11. Szene: S. 98–105)

Die elfte Szene spielt im **Januar 1636 vor Halle**, das von kaiserlichen Truppen bedroht wird.

Mutter Courage hält sich wegen ihrer Geschäfte in der Stadt auf. Ihr Planwagen steht auf einem Bauernhof, in den ein Fähnrich (junger Offizier, Fahnenträger einer Soldatengruppe) mit zwei Soldaten eindringt. Sie suchen einen Ortskundigen, der ihnen den Weg in die Stadt zeigt, und glauben ihn im jungen Bauern gefunden zu haben. Dieser widersetzt sich trotzig, aber die Landsknechte wissen ihn sich gefügig zu machen, indem sie das Vieh, also die Existenzgrundlage der Bauern, zu töten drohen. Nachdem sie abgezogen sind, erwacht im alten Bauern die Neugier. Er klettert auf das Dach, entdeckt viele Soldaten und erkennt, dass die schlafende Stadt verloren ist. Zwischen ihm und der Bäuerin entwickelt sich ein Gespräch, in dem sie sich gegenseitig von ihrer **fehlenden Handlungsbereitschaft** entlasten:

> DIE BÄUERIN. Wenn wir mehr wären …
> DER BAUER. Mit dem Krüppel allein hier oben …
> DIE BÄUERIN. Wir können nix machen, meinst …
> DER BAUER. Nix.
> DIE BÄUERIN. Wir können nicht hinunterlaufen, in der Nacht.
> DER BAUER. Der ganze Hang hinunter ist voll von ihnen. Wir könnten nicht einmal ein Zeichen geben.
> DIE BÄUERIN. Daß sie uns hier oben auch umbringen?
> DER BAUER. Ja, wir können nix machen.
> DIE BÄUERIN *zu Kattrin:* Bet, armes Tier, bet! Wir können nix machen gegen das Blutvergießen. (S. 101)

Die Punktierung in den ersten drei Zeilen lässt erkennen, dass im gedanklichen Hintergrund der **Bauern** die Möglichkeit einer eigenen Initiative nicht ausgeschlossen erscheint. Doch in dem gegenseitig sich wiederholenden und steigernden Eingeständnis „Wir können nix machen […] Wir können nicht hinunterlaufen

[...] Wir könnten nicht einmal [...] Ja, wir können nix machen [...] Wir können nix machen [...]" sprechen **Furcht, Ohnmacht und Passivität** eines jahrhundertelang geschundenen Standes, dessen Vertretern nur mehr die Hoffnung auf das Gebet bleibt.

Auffällig ist die Wiederholung des Indefinitpronomens „nix" (aus „nichts": Assimilation des „t" an das „s") als Beteuerung der eigenen Schwäche bei gleichzeitiger **Verantwortungsentlastung und -übertragung auf eine höhere Instanz**: „wir sind schwach und haben keine Spieß und nix und können uns nix traun" (S. 102). Brecht würde hier sicher nicht von einer „Hoffnung" auf göttliche Hilfe sprechen, sondern eher von einer „Flucht" vor der Chance, eine schlimme Situation durch eigenes Tun ins Positive zu verändern.

Diese Vermutung legt auch das Verhalten Kattrins nahe, die nicht der Aufforderung der Bäuerin zum **Gebet** folgt, sondern die Möglichkeit zur **Tat** ergreift und so die Einstellung der Bauern kontrastiert. Ironisch pervertiert Brecht die Religiosität der Bäuerin, als diese sich beim Fähnrich mit einer Gebetsformel bedankt: „Und schönen Dank, Herr Hauptmann, daß Sie uns verschont haben, in Ewigkeit, Amen." (S. 100) Opportunistisch bedenkenlos tauscht sie die jenseitige Instanz mit der in der momentanen Alltagssituation näher stehenden irdischen Instanz aus.

Im Titularium (S. 99) heißt es: **„Der Stein beginnt zu reden."** Diese Metapher spielt auf eine Auseinandersetzung Jesu mit den Pharisäern an: Bei seinem Einzug in Jerusalem feiern ihn seine Jünger als ihren König. Die Pharisäer fordern Jesus auf, seine Anhänger zurechtzuweisen. Jesus aber antwortet: „Ich sage euch: Wenn diese schweigen, werden die Steine schreien." (Lk. 19,40)

Brecht hat seine Kommentierung zur 11. Szene im *Modellbuch* mit dem gleichen Satz überschrieben und unterstreicht damit die Bedeutung, die er ihm beimisst. Die Aussage bezieht sich auf **Kattrin**, von der sich die Mutter wünscht, wie „ein Stein in Dalarne" (S. 42) zu sein, das heißt, sich unauffällig zu verhalten, um im Krieg zu überleben. Wenn Brecht die Metapher vom sprechenden Stein verwendet, will er damit auf etwas völlig Unvorstellbares verweisen: Wie die stumme Kattrin sich auf ihre Art mitteilen kann, so vermag selbst die schwächste Kreatur anderen zu helfen und die Welt zu verändern.

**Kattrin opfert ihr Leben, um anderes Leben zu retten**. Der Bericht der Bauern über ihre Verwandten in der Stadt, besonders über die vier kleinen Kinder des Schwagers, bewegt sie und lässt ihren Entschluss zu handeln reifen. Sie ergreift eine am Marketenderwagen angehängte **Trommel**, steigt mit ihr auf das Dach und beginnt diese zu schlagen.

Die Bauern erschrecken, besonders die Bäuerin gerät in Panik. Die Sorge um die kleinen Kinder, an die sie eben noch im Gebet gedacht hat, ist der Furcht vor der Rache der Soldaten gewichen. Im Verhalten der Fremden erblicken beide eine Gefährdung des eigenen Besitzes und Lebens: „Hin sind wir, wenn sie auf uns kommen! Abstechen tuns uns.", „Was kümmerts die, wenn sie uns das letzte Vieh wegtreiben." (S. 102 f.). Sie beschimpfen Kattrin mit: „du Krüppel" (S. 102), „du Vieh!" (S. 104), drohen ihr: „Ich bewerf dich!" (S. 102) und flehen sie an: „Hast denn kein Mitleid? Hast gar kein Herz?" (S. 102) Die Bäuerin beginnt sogar dem Bauern Vorwürfe zu machen: „Ich hab dir gleich gesagt, laß das Gesindel nicht auf den Hof." (S. 103)

Kattrin versteht offenbar die Lage der Bauern, entscheidet sich aber für die **Stadt**. Brecht bemerkt dazu:

> *Die Trommelnde wirft einen kühlen Blick herunter auf die Ängstlichen und wendet sich wieder der Stadt zu, die immer noch nicht zu erwachen scheint. (Die mit vielen Mitleid haben, dürfen keines haben mit den wenigen.)* (*Modellbuch*, S. 83)

Verschiedene Strategien werden von den Soldaten und Bauern bedacht, um Kattrin zum Schweigen zu bringen. Man bietet ihr an, ihre Mutter zu verschonen, will mit unverfänglichem Lärm ihr Trommeln übertönen, das Haus niederbrennen, auf dessen Dach sie sitzt, und den Marketenderwagen zerstören.

*„Kattrin stößt"*, heißt es in der Regieanweisung, *„verzweifelt nach ihrem Wagen starrend, jämmerliche Laute aus. Sie trommelt aber weiter."* (S. 105) Dies zeigt ihre verzweifelte Situation. Sie bleibt **fühlender und leidender Mensch**. Als der Soldat auf den jungen Bauern einschlägt, beginnt sie zu weinen. Für Brecht ist das „eine Versuchung aufzuhören" (*Modellbuch*, S. 85). Auch die letzte Aufforderung des Fähnrichs, das Trommeln zu beenden, negiert sie, obwohl sie weiß, dass sie damit ihr Leben verwirkt hat. Im Willen anderen zu helfen kann der Mensch seine Furcht überwinden. Brecht sieht darin selbst beim Hilflosesten eine Möglichkeit, die Welt zu verändern, ihr den ersehnten Frieden zu bringen, ohne den, wie der Schreiber bemerkt hat, die Welt auf Dauer nicht leben kann (S. 67).

Der **Fähnrich** der Neueinstudierung von 1951 ist identisch mit dem jungen Soldaten der 4. Szene. Mit dieser Gleichsetzung verfolgt Brecht die Absicht, Ursachen und Folgen einer Frustration zu verdeutlichen. Der junge rebellische Soldat in der 4. Szene war nicht in der Lage, seine durchaus berechtigten Ansprüche zu verwirklichen. Mutter Courage hat in seinem forschen Lospoltern klar die Kompensation seiner Willensschwäche erkannt und ihm zur Aufgabe seiner Ziele geraten. Seine kurze Wut sei von vorneherein zum Scheitern verurteilt. Brecht betont im *Modellbuch*, dass die „Schlechtigkeit der Courage in keiner Szene größer" sei, denn sie lehre mit ihrem Rat „den jungen Menschen die Kapitulation vor den Oberen" (*Modellbuch*, S. 44).

Brecht weiß, dass Enttäuschungen, versagte Befriedigung und das Gefühl der Zurücksetzung Aggressionen auslösen. Deshalb kann er zum jungen Fähnrich bemerken: „Die Lektion der Courage und einige andere Lektionen scheinen gewirkt zu haben: Die Große Kapitulation hat diesen Menschen zu einem leeren, kalten und brutalen Offizier gemacht." (ebenda, S. 73) Erkennbar bleibt er an seiner rohen Sprache. In der 4. Szene ruft der um sein Trinkgeld Betrogene ins Zelt des Rittmeisters: „Komm heraus, daß ich dich zerhack!" (S. 56), und eine ähnliche Ausdrucksweise gebraucht er wutentbrannt gegenüber den Bauern in der 11. Szene, als er Kattrins Trommeln hört: „Euch zerhack ich!" (S. 103) „Die stumme Kattrin arbeitet ihn völlig auf.", schreibt Brecht und erklärt:

> *In der Verzweiflung lässt er ab, seine Untergebenen anzubrüllen, und fleht sie um Ratschläge an. Wenn die Kanonen der durch das Trommeln aufgeweckten Stadt hörbar werden, setzt er sich auf den Boden und trommelt wie ein Kind mit den Fäusten.*
> (Materialien, S. 73)

Der Zuschauer erkennt im Fähnrich einen Menschen, der ähnlich den alten Bauern nicht den Mut besitzt, sich Widerständen zu stellen und gegen erlittenes Unrecht aufzubegehren. Den Tatsachen auszuweichen und in eine irreale Welt zu flüchten, wie es die Bauern mit ihrem Beten tun, oder aber die eigene Unsicherheit und Schwäche hinter einem Imponiergehabe zu verstecken, wie es der Fähnrich versucht und kläglich scheitert, bieten keine Lösungen. Sie zerstören das Selbstwertgefühl, treiben in Unzufriedenheit und Resignation und werden oft von einem dunklen Vergeltungsdrang und Rachegelüsten begleitet.

Bereits am Szenenbeginn ist der Widerstand des **jungen Bauern** spürbar. Zwar gibt er unter der Drohung der Landsknechte zunächst nach, wächst aber dann zu opferbereiter menschlicher Größe. Es ist Kattrins Vorbild, das ihm den Blick für **menschliches Handeln** öffnet. Dieses bedeutet nicht Sorge um den eigenen Besitz, sondern hingebungsvollen Einsatz für die anderen.

# Aufnahme und Nachwirkung

*Mutter Courage und ihre Kinder* wurde am **19. April 1941** am **Schauspielhaus Zürich uraufgeführt**. Therese Giehse spielte die Courage. Regie führte Leopold Lindtberg. Die Musik schrieb Paul Burkhard. Der große Erfolg konnte Brecht nicht zufriedenstellen, denn er fühlte sich in seiner Zielsetzung missverstanden. Die Presse hatte die Courage als „Denkmal der unbekannten Mutter" (Bernhard Kissel, in: *Tages-Anzeiger*, Zürich, 21. April 1941), als „warmblütiges Muttertier" (Bernhard Diebold, in: *Die Tat*, Zürich, 22. April 1941) und als „herzbewegende Kreatur Gottes" gefeiert. Brecht stieß sich an solchen Formulierungen. Er wollte nicht, dass seine Hauptfigur verherrlicht und zu einem Identifikationsobjekt werde. Die deutsche Uraufführung am 2. Juni 1946 in Konstanz (Regie: Wolfgang Engels) rückte von Brechts Vorstellungen vom epischen Theater ab und stellte das „Menschlich-Mitleidvolle" ins Zentrum (Ernst Brasch, in: *Südkurier*, Konstanz, 4. Juni 1946). Zur Uraufführung am Deutschen Theater in Berlin am 11. Januar 1949 schrieb der Kritiker Max Schröder, Brechts Absichten völlig verkennend:

> *Mutter Courage ist eine humanistische Heilige aus dem Stamm der Niobe und der Schmerzensmutter, die das ihr geschenkte und von ihr geschaffene Leben mit Klauen und Zähnen verteidigt und zusehen muß, wie es in den Sand geworfen wird.* (In: *Neues Deutschland,* Berlin 13. Januar 1949)

Im **Osten Deutschlands** bildeten sich bald **zwei unterschiedliche Kritikerpositionen**. Vordergründig ging es um Fragen der Form und Ästhetik, eigentlich aber um politisch-ideologische Fragen. Während der Theaterkritiker Wolfgang Harisch das Stück als richtungsweisend pries, behauptete der frühere Lukács-Mitarbeiter Fritz Erpenbeck, das epische Theater Brechts trage zum Untergang des Theaters bei. In die gleiche Kerbe schlug Hans Wilfert, der Brecht mangelnden Realismus und Verharren in einem längst überholten Experimentieren vorwarf. Letzten Endes bescheinigte man Brecht eine falsche Weltanschauung. Solche Ansichten schufen die Vorstellung, Brecht rufe gar „zur Kapitulation vor dem Kapitalismus" (Ludwig, S. 298) auf.

Im **Westen Deutschlands** gab es kaum kritische Stimmen im Hinblick auf Brechts marxistische Sichtweise. Die **Zustimmung** war bei weitem größer. *Mutter Courage* belegte unter den Brecht-Stücken stets vorderste Plätze, was Inszenierungen, Aufführungen oder Besucherzahlen betraf. Auch im Ausland gab es eine große positive Resonanz. Diese ging nicht zuletzt auf die Gastspielreisen des Berliner Ensembles zurück. Besonders zu erwähnen ist dessen außerordentlicher Erfolg 1954 in Paris. In der Spielzeit 1999/2000 war es das meist gespielte Brecht-Stück in Deutschland (vgl. Langemeyer, S. 142 f.).

1947 regte Brecht eine **Verfilmung** des Stücks an. Zwei Jahre später schien das Projekt bei der DEFA (Deutsche Film-Aktiengesellschaft) anzulaufen. Immer wieder gab es neue Pläne; der Drehbeginn wurde wiederholt aufgeschoben. Die Ursachen lagen nicht nur im künstlerischen und technischen Bereich, sondern vor allem in weltanschaulichen Fragen. 1955 war ein Drehbuch erstellt, das deutliche Eingriffe gegenüber der Bühnenform aufwies. Die DEFA-Produktion von 1960/61 schließlich hatte nicht dieses Drehbuch zur Grundlage, sondern eine Aufführung des Berliner Ensembles. Helene Weigel spielte die Mutter Courage. Es wurde keine bloße Wiedergabe der Bühnenhandlung, vielmehr nutzte man die Möglichkeiten der Kameraführung, des Schnitts, der Dekoration und des Formats, um ein höheres Maß an Lebendigkeit zu erreichen. Die Premiere fand am 10. Februar 1961 statt (vgl. Langemeyer, S. 126–140; Müller, S. 251–258).

## Literaturhinweise

BRECHT, BERTOLT: *Mutter Courage und ihre Kinder. Eine Chronik aus dem Dreißigjährigen Krieg.* Frankfurt a. M.: Suhrkamp Verlag 2007 (edition suhrkamp 49)
(Textzitate und Seitenangaben folgen dieser Ausgabe.)

BRECHT, BERTOLT: *Hauspostille.* Berlin: Propyläen-Verlag 1927

BRECHT, BERTOLT: *Das Modellbuch. Anmerkungen zur Aufführung 1949.* In: *Materialien zu Brechts „Mutter Courage und ihre Kinder"*, S. 9–80 (Zitate und Seitenangaben folgen dieser Ausgabe.)
Auch in: MÜLLER, S. 124–191

BRECHT, BERTOLT: *Große kommentierte Berliner und Frankfurter Ausgabe.* 30 Bde. Hrsg. von WERNER HECHT, JAN KNOPF [u. a.]. Frankfurt a. M.: Suhrkamp Verlag, Bd. 23 (1993), 24 (1991), 26 (1994). Zit.: GBA

BRECHT, BERTOLT: *Schriften zum Theater. Über eine nicht-aristotelische Dramatik.* Frankfurt a. M.: Suhrkamp Verlag 1976

*Materialien zu Brechts „Mutter Courage und ihre Kinder".* Zusammengestellt von WERNER HECHT. Frankfurt/M.: Suhrkamp Verlag 1964 (= edition suhrkamp 50). Zit.: *Materialien*

MÜLLER, KLAUS-DETLEF (Hrsg.): *Brechts „Mutter Courage und ihre Kinder".* Frankfurt/M.: Suhrkamp Verlag 1982
(= suhrkamp taschenbuch 2016)

BERLINER ENSEMBLE, WEIGEL, HELENE (Hrsg.): *Theaterarbeit. 6 Aufführungen des Berliner Ensembles.*
Dresden: VVV Dresdner Verlag [1952]. Zit.: *Theaterarbeit*

HINCK, WALTER: *Mutter Courage und ihre Kinder. Ein kritisches Volksstück.* In: HINDERER, WALTER (Hrsg.): *Interpretationen. Brechts Dramen.* Stuttgart: Philipp Reclam jun. 1995, S. 93–120

HINDERER, WALTER: *Brechts Dramen. Neue Interpretationen.* Stuttgart: Philipp Reclam jun. 1984

JENDREIEK, HELMUT: *Mutter Courage und ihre Kinder.* In: JENDREIEK, HELMUT: *Bertolt Brecht. Drama der Veränderung.* Düsseldorf: August Bagel Verlag 1969, S. 153–208

KESTING, MARIANNE: *Bertolt Brecht in Selbstzeugnissen und Bilddokumenten.* Hamburg: Rowohlt Taschenbuch Verlag 1959

KNOPF, JAN: *Bertolt Brecht.* Frankfurt/M.: Suhrkamp Verlag 2006 (= Suhrkamp BasisBiographie 16)

LANGEMEYER, PETER: *Bertolt Brecht. Mutter Courage und ihre Kinder. Eine Chronik aus dem Dreißigjährigen Krieg. Erläuterungen und Dokumente.* Stuttgart: Philipp Reclam jun. 2003 (= Universal-Bibliothek Nr. 16035)

LUDWIG, KARL-HEINZ: *Die Kontroverse über die Berliner Erstaufführung von „Mutter Courage und ihre Kinder".* In: MÜLLER, S. 292–305

MENNEMEIER, FRANZ NORBERT: *Brecht. Mutter Courage und ihre Kinder.* In: WIESE, BENNO VON (Hrsg.): *Das deutsche Drama. Vom Barock bis zur Gegenwart. Interpretationen.* Bd. 2, Düsseldorf: August Bagel Verlag 1964, S. 386–404

VÖLKER, KLAUS: *Bertolt Brecht. Eine Biographie.* Reinbek bei Hamburg: Rowohlt Taschenbuch Verlag 1988

# Anmerkungen

1 Die Eltern riefen ihren Sohn „Aigin“, seine Mitschüler nannten ihn Bert. Seit Juli 1926 signierte er in den *Augsburger Neuesten Nachrichten* mit „Bert Brecht“. Die Schreibung „Bertolt“ beruht auf einer Angleichung an den Vornamen des Dramatikers Arnolt Bronnen (1895–1959), den Brecht 1921 kennenlernte und mit dem er eine Firma gründen wollte. Fortan stand „Bertolt“ neben „Bert“.

2 Während des Ersten Weltkriegs konnten Schüler des Abiturjahrgangs die Schule mit einem vorgezogenen Abitur abschließen.

3 Mit 26 Jahren hatte Brecht bereits drei Kinder von drei verschiedenen Frauen – geradezu ein männliches Äquivalent zu Mutter Courage!

4 Peking-Oper: bekannteste der chinesischen Opernformen. Sie vermischt gesprochenes und gesungenes Wort, Pantomime und Akrobatik. Die Charaktere sind stilisiert. Besondere Bedeutung kommt der Symbolik zu. Auf Bühnenbild und Requisiten wird weitgehend verzichtet.

5 Brecht sah das Stück *Die Rache des Fischers*, in dem ein armer Fischer und seine Tochter einen brutalen Großgrundbesitzer töten, ein Stück ohne Bühnenbild, nur aus Bewegung, Gesten und Musik.

6 Am gleichen Tag durchsuchte die schwedische Polizei Brechts Haus nach politischen Schriften. Vgl. Knopf, S. 50.

7 Margarete Steffin starb hier am 4. Juni 1941 an Tuberkulose.

8 Die Hauptfigur ist Mutter dreier Kinder von unterschiedlichen Vätern. Auch bei ihr dominiert Habsucht über Mutterliebe.

9 Vgl. *Materialien,* S. 165; Müller, S. 11; Langemeyer, S. 78 f. Brecht hatte von der Geschichte der Marketenderin gehört und die schwedische Schauspielerin Naima Wifstrand danach befragt. Sie kannte die Ballade, übersetzte sie ins Deutsche und las sie im Sommer 1939 Brecht vor. Naima Wifstrand hatte Brechts *Die Gewehre der Frau Carrar* ins Schwedische übersetzt und im März 1938 die Titelrolle gespielt. Brecht hatte ihr auch die Rolle der Mutter Courage zugedacht, während die des Schwedischen nicht mächtige Helene Weigel die Rolle der stummen Kattrin übernehmen sollte (vgl. Völker, S. 293). Es kam jedoch zu keiner schwedischen Aufführung.

10 Nach dem „Reichsbürgergesetz“, einem Teil der Nürnberger Gesetze vom 15. September 1935, konnten nur „Staatsangehörige deutschen oder artverwandten Blutes“ „Reichsdeutsche“ sein.

11 Dänemark versorgte Nazideutschland mit Nahrungsmitteln, Schweden tat dies mit großen Eisenlieferungen.

12 Vgl. auch Langemeyer, S. 76; hier genauer Quellenhinweis

13 Vgl. Langemeyer, S. 28; „allewege“ = „überall“ (Luther-Deutsch)

14 Hier gilt es ein wesentliches Merkmal und gleichzeitig ein Problem der Kunst zu beachten: Kunst ist nicht Wirklichkeit. Vielmehr ist sie deren Abbild und abhängig von vielerlei Faktoren, wie dem Temperament des Künstlers und den Einflüssen der jeweiligen Zeit. Wenn Kunst also einen Gegenstand abbildet, ist es niemals der Gegenstand als solcher, sondern ein Objekt in einer bestimmten Verfremdung.

15 Psalm 108, 2: „Wach auf, meine Seele [...]“; Kirchenlied: „Wach auf, wach auf, du deutsches Land, / du hast genug geschlafen [...]“ von Johann Walther (1496–1570); vgl. auch den Eingang des ersten Akte von Brechts *Dreigroschenoper*: „Wach auf, du verrotteter Christ! / Mach dich an dein sündiges Leben! [...]“

16 Quelle ist ein Lied in einer Kurzgeschichte des britischen Schriftsteller Rudyard Kipling (1865–1936); vgl. Langemeyer, S. 21

17 „Fraternisieren“ aus franz. „fraterniser“ zu lat. „frater“ = „Bruder“. Der Begriff wird häufig auf die Beziehung zwischen Besatzungstruppen und der einheimischen Bevölkerung angewendet. Nach dem Zweiten Weltkrieg wurden beispielsweise die amerikanischen Truppen vor einer Fraternisierung mit den Deutschen gewarnt.

18 Michael Weiße (um 1488 bis 1534): evangelischer Theologe und Kirchenlieddichter: „Christus, der uns seligmacht“; Brecht fand das Lied in der von Philipp Wackernagel herausgegebenen Sammlung *Das deutsche Kirchenlied vor der ältesten Zeit bis zum Anfang des XVII. Jahrhunderts*, Leipzig 1870; vgl. Langemeyer, S. 31

19 Nach Charles Darwin (1809–1882) ist die evolutionäre Entwicklung aller Organismen eine Folge der Anpassung an den Lebensraum. Der Sozialdarwinismus des ausgehenden 19. Jahrhunderts übertrug Darwins Theorie auf die Menschen. Er vertrat die Auffassung, dass sich im Überlebenskampf nur die Stärksten durchsetzen. Diese Vorstellung bildete eine Wurzel der nationalsozialistischen Ideologie.

20 Der Satz „Stell dir vor, es ist Krieg und keiner geht hin.“ wird fälschlicherweise Brecht zugeschrieben, er geht aber auf das Gedicht *The People, Yes* (1936) des amerikanischen Autors Carl August Sandburg (1878–1967) zurück, in dem es heißt: „Sometimes they'll give a war and nobody will come.“

21 „Ölgötze“ ist vermutlich aus „Ölberggötze“ abgeleitet und zuerst im 16. Jh. bei Luther bezeugt. In der Nacht vor seiner Gefangennahme wachte und betete Jesus am Ölberg voller Todesangst, vgl. Mt. 26,36–46.

# STARK Interpretationshilfen und Trainingsbände für die Oberstufe

## Deutsch Interpretationen

| | |
|---|---|
| Aehnlich: *Alle sterben, auch die Löffelstöre* | Best.-Nr. 2400621 |
| Brecht: *Der aufhaltsame Aufstieg des Arturo Ui* | Best.-Nr. 2400281 |
| Brecht: *Der kaukasische Kreidekreis* | Best.-Nr. 2400171 |
| Brecht: *Leben des Galilei* | Best.-Nr. 2400011 |
| Brecht: *Mutter Courage und ihre Kinder* | Best.-Nr. 2400521 |
| Brussig: *Am kürzeren Ende der Sonnenallee* | Best.-Nr. 2400201 |
| Büchner: *Dantons Tod* | Best.-Nr. 2400121 |
| Büchner: *Der Hessische Landbote* | Best.-Nr. 2400461 |
| Büchner: *Lenz* | Best.-Nr. 2400431 |
| Büchner: *Leonce und Lena* | Best.-Nr. 2400261 |
| Büchner: *Woyzeck* | Best.-Nr. 2400041 |
| Dürrenmatt: *Der Besuch der alten Dame* | Best.-Nr. 2400341 |
| Dürrenmatt: *Der Verdacht* | Best.-Nr. 2400571 |
| Eichendorff: *Aus dem Leben eines Taugenichts* | Best.-Nr. 2400071 |
| Eichendorff: *Das Marmorbild* | Best.-Nr. 2400081 |
| Fontane: *Effi Briest* | Best.-Nr. 2400371 |
| Fontane: *Irrungen, Wirrungen* | Best.-Nr. 2400401 |
| Fontane: *Frau Jenny Treibel* | Best.-Nr. 2400611 |
| Frisch: *Biedermann und die Brandstifter* | Best.-Nr. 2400531 |
| Frisch: *Homo faber* | Best.-Nr. 2400031 |
| Goethe: *Faust I* | Best.-Nr. 2400511 |
| Goethe: *Gedichte (1771–1783)* | Best.-Nr. 2400181 |
| Goethe: *Die Leiden des jungen Werther* | Best.-Nr. 2400051 |
| Hauptmann: *Die Ratten* | Best.-Nr. 2400411 |
| Hein: *Der fremde Freund/Drachenblut* | Best.-Nr. 2400061 |
| E.T.A. Hoffmann: *Der Sandmann* | Best.-Nr. 2400351 |
| Horváth: *Geschichten aus dem Wiener Wald* | Best.-Nr. 2400581 |
| Kafka: *Der Proceß* | Best.-Nr. 2400481 |
| Kafka: *Die Verwandlung/Das Urteil* | Best.-Nr. 2400141 |
| Keller: *Romeo und Julia auf dem Dorfe* | Best.-Nr. 2400321 |
| Kerner: *Blueprint. Blaupause* | Best.-Nr. 2400391 |
| Kleist: *Der zerbrochne Krug* | Best.-Nr. 2400541 |
| Kleist: *Michael Kohlhaas* | Best.-Nr. 2400111 |
| Lessing: *Emilia Galotti* | Best.-Nr. 2400191 |
| Lessing: *Nathan der Weise* | Best.-Nr. 2400501 |
| Th. Mann: *Der Tod in Venedig* | Best.-Nr. 2400291 |
| Th. Mann: *Tonio Kröger/ Mario und der Zauberer* | Best.-Nr. 2400151 |
| Musil: *Die Verwirrungen der Zöglings Törleß* | Best.-Nr. 2400561 |
| Nooteboom: *Die folgende Geschichte* | Best.-Nr. 2400251 |
| Schiller: *Don Carlos* | Best.-Nr. 2400161 |

| | |
|---|---|
| Schiller: *Kabale und Liebe* | Best.-Nr. 2400231 |
| Schiller: *Die Räuber* | Best.-Nr. 2400421 |
| Schiller: *Maria Stuart* | Best.-Nr. 2400271 |
| Schlink: *Der Vorleser* | Best.-Nr. 2400101 |
| Schneider: *Schlafes Bruder* | Best.-Nr. 2400021 |
| Schnitzler: *Traumnovelle* | Best.-Nr. 2400311 |
| Sophokles: *Antigone* | Best.-Nr. 2400221 |
| Storm: *Der Schimmelreiter* | Best.-Nr. 2400381 |
| Süskind: *Das Parfum* | Best.-Nr. 2400091 |
| Timm: *Die Entdeckung der Currywurst* | Best.-Nr. 2400301 |
| Vanderbeke: *Das Muschelessen* | Best.-Nr. 2400331 |
| Wolf: *Kassandra* | Best.-Nr. 2400601 |
| Wolf: *Medea. Stimmen* | Best.-Nr. 2400551 |
| Wedekind: *Frühlings Erwachen* | Best.-Nr. 2400491 |
| Zweig: *Schachnovelle* | Best.-Nr. 2400441 |

## Deutsch Training

| | |
|---|---|
| Training Methoden Deutsch | Best.-Nr. 944062 |
| Dramen analysieren u. interpretieren | Best.-Nr. 944092 |
| Erörtern und Sachtexte analysieren | Best.-Nr. 944094 |
| Gedichte analysieren und interpretieren | Best.-Nr. 944091 |
| Epische Texte analysieren und interpretieren | Best.-Nr. 944093 |
| Übertritt in die Oberstufe | Best.-Nr. 90409 |
| Abitur-Wissen Erörtern und Sachtexte analysieren | Best.-Nr. 944064 |
| Abitur-Wissen Textinterpretation | Best.-Nr. 944061 |
| Abitur-Wissen Deutsche Literaturgeschichte | Best.-Nr. 94405 |
| Abitur-Wissen Prüfungswissen Oberstufe | Best.-Nr. 94400 |
| Kompakt-Wissen Rechtschreibung | Best.-Nr. 944065 |
| Lexikon Autoren und Werke | Best.-Nr. 944081 |

*(Bitte blättern Sie um)*

## Englisch Interpretationen

**Interpretationshilfen zu Einzellektüren:**

| | |
|---|---|
| Albee: *Who's afraid of Virginia Woolf?* | Best.-Nr. 2500101 |
| Atwood: *The Handmaid's Tale* | Best.-Nr. 2500181 |
| Auster: *Moon Palace* | Best.-Nr. 2500031 |
| Boyle: *The Tortilla Curtain* | Best.-Nr. 2500131 |
| Bradbury: *Fahrenheit 451* | Best.-Nr. 2500141 |
| *20th Century English Short Stories* | Best.-Nr. 2500151 |
| Fitzgerald: *The Great Gatsby* | Best.-Nr. 2500191 |
| Golding: *Lord of the Flies* | Best.-Nr. 2500051 |
| Hornby: *About a Boy* | Best.-Nr. 2500201 |
| Ishiguro: *The Remains of the Day* | Best.-Nr. 2500171 |
| Lessing: *The Fifth Child* | Best.-Nr. 2500071 |
| Lodge: *Changing Places* | Best.-Nr. 2500091 |
| MacLaverty: *Cal* | Best.-Nr. 2500161 |
| Priestley: *An Inspector Calls* | Best.-Nr. 2500081 |
| Russell: *Educating Rita* | Best.-Nr. 2500061 |
| Salinger: *Catcher in the Rye* | Best.-Nr. 2500111 |
| Shakespeare: *Macbeth* | Best.-Nr. 2500011 |
| Shakespeare: *Romeo and Juliet* | Best.-Nr. 2500041 |
| Shaw: *Pygmalion* | Best.-Nr. 2500121 |
| Shepard: *True West* | Best.-Nr. 2500211 |
| Twain: *Huckleberry Finn* | Best.-Nr. 2500021 |

## Englisch Training

| | |
|---|---|
| Übersetzungsübung | Best.-Nr. 82454 |
| Grammatikübung | Best.-Nr. 82452 |
| Themenwortschatz | Best.-Nr. 82451 |
| Grundlagen, Arbeitstechniken, Methoden mit CD | Best.-Nr. 944601 |
| Sprachmittlung | Best.-Nr. 94469 |
| Textaufgaben Literarische Texte und Sachtexte | Best.-Nr. 94468 |
| Sprechfertigkeit mit CD | Best.-Nr. 94467 |
| Englisch – Übertritt in die Oberstufe | Best.-Nr. 82453 |
| Abitur-Wissen Landeskunde Großbritannien | Best.-Nr. 94461 |
| Abitur-Wissen Landeskunde USA | Best.-Nr. 94463 |
| Abitur-Wissen Literaturgeschichte | Best.-Nr. 94465 |
| Kompakt-Wissen Abitur Themenwortschatz | Best.-Nr. 90462 |
| Kompakt-Wissen Grundwortschatz | Best.-Nr. 90464 |
| Kompakt-Wissen Kurzgrammatik | Best.-Nr. 90461 |
| Kompakt-Wissen Abitur Landeskunde/Literatur | Best.-Nr. 90463 |
| Kompakt-Wissen Abitur – NRW Landeskunde/Literatur | Best.-Nr. 50463 |

## Latein Training

| | |
|---|---|
| Abitur-Wissen Lateinische Literaturgeschichte | Best.-Nr. 94602 |
| Wiederholung Grammatik | Best.-Nr. 94601 |
| Wortkunde | Best.-Nr. 94603 |
| Kompakt-Wissen Kurzgrammatik | Best.-Nr. 906011 |

## Französisch Interpretationen

| | |
|---|---|
| Camus: *L'Etranger/Der Fremde* | Best.-Nr. 2550041 |
| Sartre: *Huis clos/ Geschlossene Gesellschaft* | Best.-Nr. 2550051 |

## Französisch Training

| | |
|---|---|
| Landeskunde Frankreich | Best.-Nr. 94501 |
| Themenwortschatz | Best.-Nr. 94503 |
| Literatur | Best.-Nr. 94502 |
| Textarbeit Oberstufe | Best.-Nr. 94504 |
| Abitur-Wissen Literaturgeschichte | Best.-Nr. 94506 |
| Kompakt-Wissen Abitur Themenwortschatz | Best.-Nr. 945010 |
| Kompakt-Wissen Kurzgrammatik | Best.-Nr. 945011 |
| Kompakt-Wissen Grundwortschatz | Best.-Nr. 905001 |

## Spanisch

| | |
|---|---|
| Kompakt-Wissen Abitur Themenwortschatz | Best.-Nr. 945401 |

## Fachübergreifend

| | |
|---|---|
| Richtig Lernen – Tipps und Lernstrategien für die Oberstufe | Best.-Nr. 10483 |
| Referate und Facharbeiten für die Oberstufe | Best.-Nr. 10484 |
| Training Methoden – Meinungen äußern, Ergebnisse präsentieren | Best.-Nr. 10486 |

Natürlich führen wir noch mehr Titel für alle Schularten. Wir informieren Sie gerne!

**Telefon: 0180 3 179000*** **Internet: www.stark-verlag.de**
**Telefax: 0180 3 179001*** **E-Mail: info@stark-verlag.de**

Bestellungen bitte direkt an: STARK Verlagsgesellschaft mbH & Co. KG
Postfach 1852 · 85318 Freising · Tel: 0180 3 179000 · FAX: 0180 3 179001
Internet: www.stark-verlag.de · E-Mail: info@stark-verlag.de
* 9 Cent pro Min. aus dem deutschen Festnetz

Die echten Hilfen zum Lernen ...
STARK

18-V1P